职业教育改革创新教材

Qiche Baoxian yu Lipei

汽车保险与理赔

（第 3 版）

程浩勋　黄关山　主　　编
李红晶　副　主　编

人民交通出版社股份有限公司

北京

内 容 提 要

本书为职业教育改革创新教材。本书以汽车保险、汽车保险投保、汽车保险理赔为主线,结合汽车保险的典型案例,对汽车保险与理赔的基本知识和操作进行了详细的介绍。全书共分六章,主要内容包括:汽车保险概述、机动车交通事故责任强制保险、机动车商业保险、汽车投保实务、汽车碰撞损失评估、汽车保险与理赔案例分析。

本书既可作为职业院校汽车类专业学生的教学用书,也可作为职业技能培训和从事相关专业工作人员的参考书。

图书在版编目(CIP)数据

汽车保险与理赔/程浩勋,黄关山主编. —3 版
. —北京:人民交通出版社股份有限公司,2021.1 (2025.1重印)
ISBN 978-7-114-16816-1

Ⅰ.①汽… Ⅱ.①程…②黄… Ⅲ.①汽车保险—理赔—中国—职业教育—教材 Ⅳ.①F842.634

中国版本图书馆 CIP 数据核字(2020)第 162829 号

职业教育改革创新教材

书　　名:**汽车保险与理赔**(第 3 版)
著 作 者:程浩勋　黄关山
责任编辑:侯力文　郭　跃
责任校对:孙国靖　龙　雪
责任印制:张　凯
出版发行:人民交通出版社股份有限公司
地　　址:(100011)北京市朝阳区安定门外外馆斜街 3 号
网　　址:http://www.ccpcl.com.cn
销售电话:(010)85285911
总 经 销:人民交通出版社股份有限公司发行部
经　　销:各地新华书店
印　　刷:北京市密东印刷有限公司
开　　本:787×1092　1/16
印　　张:11.25
字　　数:196 千
版　　次:2011 年 8 月　第 1 版
　　　　　2016 年 5 月　第 2 版
　　　　　2021 年 1 月　第 3 版
印　　次:2025 年 1 月　第 3 版　第 5 次印刷　总第 16 次印刷
书　　号:ISBN 978-7-114-16816-1
定　　价:28.00 元

(有印刷、装订质量问题的图书,由本公司负责调换)

职业教育改革创新教材编委会

（排名不分先后）

第3版前言

PREFACE TO THE THIRD EDITION

"十二五"期间,人民交通出版社以职教专家、行业专家、学校教师、出版社编辑"四结合"的模式开发出了"职业教育改革创新示范教材",受到广大职业院校师生的欢迎。

为了紧跟汽车行业发展趋势,更好地适应汽车类专业实际教学需求,2015—2016年,人民交通出版社股份有限公司重新组织修订,出版了本套教材的第2版。2019年12月,人民交通出版社股份有限公司吸收教材使用院校教师的意见和建议,组织相关老师,对已出版的"职业教育改革创新示范教材"再次进行了全面修订,对个别不能完全适应学校教学的教材进行了重新整合,更新了教材内容,并对教材中的错漏之处进行了修正。

该套教材将先进的教学内容、教学方法与教学手段有效地结合起来,形成课本、课件(部分课程配)和数字资源(部分课程配)三位一体的立体教学模式。

2020年9月,中国银保监会下发《关于实施车险综合改革的指导意见》,宣布正式启动车险综合改革;在银保监会的指导下,中国保险行业协会组织行业力量对2014版商业车险示范条款进行了修订完善,在征求多方意见的基础上,形成了《中国保险行业协会机动车商业保险示范条款(2020版)》。

《汽车保险与理赔》结合本次车险综合改革的内容以及近年来车险业务的变革和提升进行了修订。此次修订,对第2版中陈旧的内容、数据和车型进行了更新,力求把最新的汽车保险理赔知识和汽车保险理赔技能呈现给读者;第一章第四节中增加了"交通事故现场草图"的相关内容;第二章第二节中更新了"交强险赔付标准";根据《中国保险行业协会机动车商业保险示范条款(2020版)》,对第三章内容进行了更新与删减;对第四章第一节中的"商业险保费优惠计算"内容进行了更新,并增加了第三节"车险电子保单";对第五章第一节"汽车企业及其品牌和车型"进行了更新,重新编写了第二节和第三节的内容。更新了各章节中的案例、习题。对第2版中的错漏之处和不严谨的文字表述进行了修改,使教材内容更加准确和精炼。配套的电子课件也进行了修订。

本书由珠海市理工职业技术学校程浩勋、珠海城市职业技术学院黄关山担任主编，济宁市技师学院的李红晶担任副主编，参加编写的还有来自企业的邓建民、刘将和山东交通技师学院的李鲁临、刘卫光。

　　限于编者的经历和水平，书中难免有不妥或错误之处，敬请广大读者批评指正，提出修改意见和建议，以便重印或再版时改正。

职业教育改革创新教材编委会
2020 年 12 月

目录 CONTENTS

第一章
汽车保险概述

本章描述

本章讲述了汽车保险的起源和发展,解释了汽车保险的基本概念,介绍了汽车保险的原则、作用和分类,最后结合实际案例,介绍了交通事故处理的基本知识。

知识目标

1. 了解汽车保险的起源和发展;
2. 掌握汽车保险的基本概念和原理;
3. 了解交通事故处理的基本知识。

技能目标

1. 能运用保险的概念和原理,分析保险业务的常见问题;
2. 能分析较明显交通事故的责任划分。

素养目标

1. 培养学生对本课程的学习兴趣;
2. 培养遵纪守法的法制观念。

建议学时

12 学时。

第一节　汽车保险的起源和发展

背景资料：

2017年8月23日，最强台风"天鸽"在广东珠海登陆，最大风力14级，这是半个多世纪以来在广东沿海登陆的最强台风。很多车辆因台风严重损毁(图1-1)，有的车被砸，有的车被吹翻，有的车被积水淹没……由于受损车辆众多，报案电话不断，保险公司不得不增加报案热线，并从周边地市紧急抽调工作人员支援。

图1-1　台风中损毁的汽车

想一想

众所周知，汽车保险已经融入人们的生活当中，一旦汽车受损，人们第一时间会想到汽车保险，但到底汽车保险是何时出现？在何地诞生的呢？

一　汽车保险的起源

汽车保险是财产保险的一种，在财产保险领域中，汽车保险属于一个相对年轻的险种。这是由于汽车保险是伴随着汽车的出现和普及而产生和发展的。保险公司设立汽车保险是根据水险、火险、盗窃险和综合责任险的实践经验而来的。

1　发源地——英国

英国法律事故保险公司于1896年首先开办了汽车保险，成为汽车保险"第一人"。当时，签发了保费为10~100英镑的汽车第三者责任险，并附加汽车火险。

2 成熟地——美国

美国汽车保险从诞生至今经历了100多年的发展,使得美国成为世界汽车保险发展的成熟地。下面是一则关于美国汽车保险诞生的故事。

美国第一份汽车保险出现在1898年,当时给汽车上保险的车主最担心的"马路杀手"不是汽车,而是马!当时,全美国只有4000多辆汽车,而马的数量却多达2000万匹(马车在当时仍是主要的交通工具)。1898年,美国纽约的杜鲁门·马丁先生非常喜爱自己的汽车,由于他担心自己的爱车被马冲撞,于是到美国"旅行者保险有限公司"为自己的汽车上了世界上的第一份"汽车保险"。

美国被称为"轮子上的国家",汽车已成为人们生活的必需品。与此相随,美国汽车保险发展迅速,在近百年的时间内,汽车保险业务量已居世界第一。美国车险市场准入和市场退出都相对自由,激烈的市场竞争、较为完善的法律法规,使美国成为世界上最发达的车险市场。

二　我国汽车保险的发展进程

1 萌芽时期

我国汽车保险业务的发展,经历了一个曲折的过程。汽车保险进入我国是在鸦片战争以后,但由于我国保险市场处于外国保险公司的垄断与控制之下,加之旧中国的工业不发达,我国的汽车保险实质上处于萌芽状态,其作用与地位十分有限。

1805年,我国出现第一家由英国商人成立的保险公司——"广东保险会社"。1865年5月25日上海义和公司保险行的成立,标志着我国民族保险公司的诞生。在新中国成立之前,汽车保险作为财产保险的一部分就已经存在了。

2 试办时期

1950年,创建不久的中国人民保险公司开办了汽车保险,成为新中国成立后第一家开办汽车保险业务的保险公司。但是因为宣传不够和认识的偏颇,不久就出现对此项保险的争议,有人认为,汽车保险以及第三者责任保险对于肇事者予以经济补偿,会导致交通事故的增加,对社会产生负面影响。于是,中国人民保险公司于1955年停止了汽车保险业务。直到20世纪70年代中期,为了满足各国驻华使领馆等外国人的汽车保险需要,才开始办理以涉外业务为主的汽车保险业务。

3 发展时期

1980年,我国的汽车保险业务开始复苏,中国人民财产保险股份有限公司(简称中国人保财险,图1-2)逐步全面恢复中断了近25年之久的汽车保险业务,以满足国内企业和单位对于汽车保险的需求以及公路交通运输业迅速发展、汽车事故日益频繁的客观需要。随着改革开放形势的发展,社会经济和人民生活水平也发生了巨大的变化,汽车迅速普及,汽车保险业务也随之得到了迅速发展。汽车保险已成为财产保险业务中的第一大险种,并保持着高增长率,我国的汽车保险业务进入了高速发展的时期。

图1-2 中国人民财产保险股份有限公司

近年来,继中国人民财产保险股份有限公司后,我国陆续成立了多家以汽车保险业务为主的财产保险公司,如中国平安财产保险公司、太平洋财产保险公司、中华联合财产保险股份有限公司、中国大地财产保险股份有限公司等(表1-1)。

近年来成立的汽车保险公司 表1-1

中国平安财产保险公司	中国平安 PING AN OF CHINA
太平洋财产保险公司	太平洋保险 CPIC
中华联合财产保险股份有限公司	中华联合财产保险股份有限公司
中国大地财产保险股份有限公司	中国大地财产保险股份有限公司 China Continent Property & Casualty Insurance Company Ltd.

做一做

请根据你的了解和调查,写出你所在城市5家经营汽车保险业务的保险公司名称。

(1) _____;

(2) _____;

（3）＿＿＿＿＿＿＿＿＿＿＿＿＿＿＿＿＿＿＿；

（4）＿＿＿＿＿＿＿＿＿＿＿＿＿＿＿＿＿＿＿；

（5）＿＿＿＿＿＿＿＿＿＿＿＿＿＿＿＿＿＿＿。

三　其他国家的汽车保险市场

1　法国：酒后不驾车，保险公司报销交通费用

调查表明，在法国 100％ 的汽车投保了第三者责任保险，58％ 的汽车投保了汽车损失保险，82％ 的汽车投保了汽车盗抢和火灾保险，87％ 的汽车投保了玻璃单独破碎险。

法国汽车保险业的经营区域和范围已经大大超出了传统保险的内容，汽车保险业的社会管理功能愈加突出。譬如，保险公司为了减少酒后驾车事故发生率，允许客户在因饮酒而不能驾车时，可在保险公司报销一次交通费用；在重大节假日，保险公司会适时在大型娱乐场所进行查验，并对因饮酒不能驾车的客户提供"代驾"服务；有的保险公司内部设立汽车修理研究中心，为投保人提供修车价格指导以及为汽车修理厂提供技术培训等。

2　德国：不同的汽车品牌，保险要分等级

德国保险公司往往将汽车保险分为不同等级，作为核定保险赔偿率的依据。等级越高，说明这种车出问题的概率越低，保险赔偿率就越低；如果事故后保险赔偿金额一定，保险等级高的车事先交的保险费用就相对较少。以大众 POLO（图 1-3）为例，根据德国汽车工业联合会和保险公司的评价，这款车的保险等级定为 10 级，每年只要交 700 欧元保险费就够了；而同类级别的车一般为 13 级或 14 级，要交 1300 ～ 1400 欧元。

图 1-3　大众 POLO

3　美国：谁责任大，谁就多负责

美国各州在有关车险责任与赔偿认定的法规方面差别很大。从总体上看，美国有 50％ 以上的州采取的是"谁责任大，谁就多负责"的交通事故问责制的原则。

美国强制购买车辆保险,没有买保险的车辆不许上路。在采取"无过错责任"保险制度的州,只要发生车祸,无须证明谁对谁错,保险公司都可以向双方提供赔偿。而采取"过错责任"赔偿制度的州,则由犯错一方的保险公司赔偿另一方的损失,包括精神损害赔偿。美国保险业规定,每次出交通事故,警察都要记录点数,点数多了保险费用就会跟着上涨。美国车险的具体条目一般都很规范,不会有问题。

4 日本:不买第三者责任保险,可以判刑

早在 1956 年,日本就通过立法实施强制第三者责任保险。该强制保险仅以汽车第三者伤害责任为限,不包括第三者财物损失。该强制保险唯一的除外责任是被保险人的故意行为。不参加保险者,不得驾驶汽车,否则处以 6 个月以下有期徒刑或 5 万日元以下罚金。

日本对汽车第三者责任保险实行"无损失、无利润"原则。日本法律规定,第三责任保险的保险费率采用"成本价主义",不允许有盈利目的,其费率由政府指定的专门委员会制定,由大藏大臣审批。费率的制定主要参考投保汽车数量、事故率、每件事故平均赔偿金额等情况。为了保证保险公司不亏损,规定另征收附加保险费作为手续费,对造成死亡事故的车主还要追加保险费。

第二节 汽车保险的基本概念

背景资料:

媒体记者在对 20 位车主进行随机调查时发现,有近 50% 的车主"买了汽车保险之后基本不看保险合同"(图 1-4)。他们给出的理由是"我是初次购买汽车保险,对汽车保险基本一窍不通,全凭着保险人员说哪个险种好,我就乖乖掏钱"。"自己虽然有心想问个明白,但因为不了解也不知道该问什么,所以就稀里糊涂地找了家保险公司买了几个险种,买完之后也没再顾上仔细看看条款规定"。

图 1-4 车主对汽车保险合同难以理解

想一想

如果我们要去买一份汽车保险,在不熟悉的情况下,我们需要了解一些什么呢?在汽车保险合同中,有哪些内容会影响到事故后的赔偿呢?

一　汽车保险的概念

汽车保险是以汽车本身及其第三者责任为保险标的的一种财产保险。

除了常见的轿车以外,目前汽车保险行业还将客车、货车、专用车、摩托车、拖拉机这五种机动车辆列入汽车保险的范畴(表1-2)。

汽车保险范畴内的其他机动车　　　　　　　表1-2

客　车	货　车	专用车	摩托车	拖拉机

从汽车保险的概念可以看出,汽车保险的保险对象为汽车及其相关的经济责任,所以,汽车保险既属于财产保险又属于责任保险。随着汽车保险业的发展,其保险标的除了最初的汽车以外,已经扩大到更多的机动车辆。世界上许多国家至今仍沿用汽车保险的名称,而我国已经明确定义为机动车保险,汽车保险属于机动车保险的一部分。

二　汽车保险相关名词解释

1　保险标的

保险标的是保险保障的目标和实体,指保险合同双方当事人权利和义务所指向的对象。保险标的可以是财产、与财产有关的利益或责任,也可以是人的生命或身体。汽车保险的保险标的是汽车及其相关经济责任。

2 保险人

保险人又称承保人,是经营保险业务收取保险费和在保险事故发生后负责给付保险金的人。保险人以法人经营为主,通常称为保险公司。汽车保险的保险人是指经营汽车保险业务的保险公司。

3 投保人

投保人是指与保险人订立保险合同,并按照保险合同负有支付保险费义务的人。汽车保险的投保人是指与保险人订立汽车保险合同,并按照汽车保险合同负有支付保险费义务的人。

4 被保险人

被保险人是指保险事故在其财产或其身体上发生而受到损失时,享受向保险人要求赔偿或给付保险金的人。被保险人是受保险合同保障的人。汽车保险的被保险人是指保险车辆的所有人或具有相关利益的人(图1-5)。

图1-5 汽车保险中的被保险人

5 保险费

保险费是投保人参加保险时所交付给保险人的费用。汽车保险费与保险金额的大小、保险费率的高低和保险期限的长短相关,即保险金额越大,保险费率越高,保险期限越长,则保险费也就越多。

6 保险期限

保险期限,也称"保险期间",指保险合同的有效期限。一般汽车保险合同的保险期限为一年。具体时间要精确到年、月、日、时、分。如广州车主黄先生在广州太平洋保险公司为自己的本田飞度轿车(图1-6)投保了一份机动车第三者责任保险,该保险的保险期限是2019年2月21日0时0分至2020年2月20日24时0分。

7 免赔率

免赔率,是指不赔金额与损失金额的比率。免赔率分为相对免赔率与绝对免赔率两种。现行的汽车保险采用的是绝对免赔率,其做法是:保险公司对超出免赔率部分的损失进行赔偿,赔偿金额不包含免赔金额。可见,免赔率以下的部分损失,保险公司是不负责赔偿的。因此,汽车保险索赔时,免赔率是不可忽视的。

图1-6　本田飞度轿车

做一做

高先生开着自己的日产骊威轿车在下班途中,不小心撞上了护栏,导致车辆受损,共花费维修费用8000元。当高先生向保险公司索赔时,被告知本起事故是属于单方肇事事故,按汽车损失保险条款规定,单方肇事事故的免赔率为15%。请问本起事故中,保险公司需要赔付高先生多少钱?

你的答案:_____。

三　汽车保险的特征

汽车保险与其他险种相比,具有以下特征。

1 广泛性

图1-7为公安部发布的2019年全国机动车相关数据,数据显示,2019年全国机动车保有量达3.48亿辆,同比增长6.4%,其中新注册登记机动车3214万辆;汽车保有量达2.6亿辆,同比增长8.8%,汽车占机动车保有量的74.7%,其中新注册登记汽车2578万辆。

汽车保险的广泛性体现在无论是企业还是个人,都广泛地拥有汽车,汽车保险业务量非常大,普及率高。

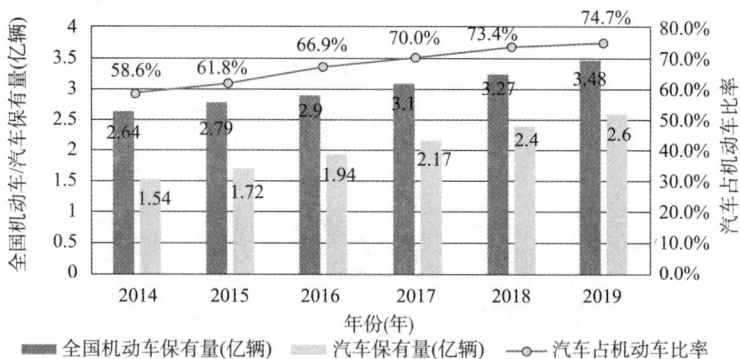

图 1-7　全国汽车保有量

2 差异性

不同类型的企业,不同类型的家庭,不同的个人,使用不同的汽车,他们面临着不同的风险,这就使得汽车保险具有差异性。

做一做

请对学校老师的用车情况做一个小调查,并完成表 1-3。

学校老师用车调查表　　　　　　　　　　表 1-3

序号	品　牌	车　型	进口车/国产车	购买了何种汽车保险
1				
2				
3				
4				
5				
6				
7				
8				
9				
10				

差异性决定了汽车保险风险的大小,从而影响汽车保险费用的多少。差异性主要体现在车辆自身风险和使用性质两方面。

1)车辆自身风险差异

(1)客车:衡量客车风险的标准是座位的多少。

①座位越多,乘客越多,承担的风险越大;

②座位越多,客车越大,越不好控制,发生事故的风险越高。

(2)货车:衡量货车风险的标准是吨位的大小。

①吨位越大,运输的货物越多,承担的风险越大;

②吨位越大,货车越大,越不好控制,发生事故的风险越高。

(3)专用车:衡量专用车风险的标准是其特殊的用途。专用车的用途危险性越高,承担的风险越大。

(4)摩托车:摩托车的安全性能比汽车差,一旦发生事故,造成的损失也大。

(5)拖拉机:拖拉机的风险与其设计、用途以及驾驶人的技术水平有关。因为拖拉机比汽车更难操控,其动力性能、制动性能和安全性能都比汽车差。

做一做

写出下面3种特种车的用途和在使用中可能遇到的风险(表1-4)。

特种车的用途和风险　　　　　　表1-4

车型			
用途			
风险			

2)使用性质差异

根据车辆的使用性质,目前国内将车辆分为家庭自用车辆、营运车辆和非营运车辆。营运车辆运转时间长,车辆出事故的概率高。因此,家庭自用车辆风险小于非营运车辆风险,而非营业车辆风险又小于营运车辆风险。

做一做

下面有两辆大众捷达轿车,一辆用于平时家庭使用,即为家庭自用车辆

(图1-8);另一辆作为出租车营运,即为营运车辆(图1-9)。哪一辆汽车的风险较高?为什么?

图1-8　家庭自用车辆

图1-9　营运车辆

你的答案:_____

_____

_____。

3 出险频率高

汽车保险相对于其他财产保险而言具有出险率高的特点。汽车是陆地的主要交通工具,由于其经常处于运动状态,总是载着人或货物不断地从一个地方开往另一个地方,很容易发生碰撞及意外事故,造成人身伤亡或财产损失。由于车辆数量的迅速增加,一些国家交通设施及管理水平跟不上车辆的发展速度,再加上驾驶人的疏忽、过失等人为原因,交通事故发生频繁,汽车出险率较高。

图1-10　交通事故

2019年1月1日6时11分,阮某醉酒后驾驶苏FX×××F号大众高尔夫轿车,乘载郭某,从福安市赛岐镇镇区方向沿国道104线往甘棠镇镇区方向行驶,途经国道104线2155km+100m处路段,追尾碰撞前方由金某驾驶的闽09-6×××1号大中型拖拉机,拖拉机上运载的钢筋倾卸,造成阮某当场死亡,郭某受伤,苏FX×××F号大众高尔夫轿车严重损坏的道路交通事故(图1-10)。

第三节　汽车保险的原则、作用和分类

背景资料:

珠海的陈女士刚买了一辆雪佛兰科鲁兹轿车(图1-11),准备给新车上一份汽车

保险。当她到汽车保险公司咨询时,保险公司业务员给她推介了交强险、机动车损失保险、第三者责任险、玻璃单独破碎险、不计免赔特约险等一大堆险种。作为一个初涉汽车保险的新车主,陈女士被一大堆陌生的专业险种难住了,感叹道"原来汽车保险还有那么多的种类!"

图 1-11　保险的选择

一　汽车保险运行基本原则

在汽车保险业漫长的历史发展过程中,伴随着保险制度的不断变革和完善,逐渐形成了一系列为人们公认的、特殊的、规范的汽车保险行为基本原则。这些原则有的写进了法律文件,有的规定在保险条款里,始终贯穿于整个汽车保险活动中,成为保险双方当事人必须遵循的行为准则。汽车保险运行中的这些基本原则包括:保险利益原则、最大诚信原则、近因原则和损失补偿原则。

1 保险利益原则

保险利益原则是指投保人或被保险人在保险合同的订立或履行过程中必须具有保险利益,否则保险合同无效。

保险利益是指投保人对保险标的所具有的法律上承认的经济利益。体现的是投保人或被保险人与保险标的之间存在的经济利益关系,当保险标的发生保险事故时,必然使被保险人蒙受经济损失。例如,某人拥有一辆汽车,如汽车完好,他就可以自己使用该车,或者通过出租、出售本车来获得利益;如汽车损毁,他就无法使用,更谈不上出租、出售,这样,经济上此人就受到损失。正是因为他对自己拥有的汽车具有经济利害关系,他才考虑汽车的安危,为其投保汽车保险;而保险公司也正是因为他对这辆汽车具有经济利害关系,才允许他投保。这就说明汽车的所有人对其所拥有的汽车具有保险利益。

当一辆汽车通过变卖、继承、赠予等形式导致汽车的所有人发生变更时,必须到汽车保险公司办理保险合同的相关变更手续,否则保险合同无效。

做一做

中山市的李先生刚从二手车市场买了一辆丰田卡罗拉轿车(图1-12),上星期开车在上班途中,不小心撞到了道路护栏。当他去保险公司办理索赔时,保险公司以合同上汽车所有人并非李先生为由拒绝赔偿。请问保险公司的做法合理吗? 为什么?

a)   b)

图1-12　保险拒赔

你的答案:_____

_____

_____。

2　最大诚信原则

最大诚信原则是指汽车保险当事人在订立、履行保险合同的过程中要诚实守信,不得隐瞒有关保险活动的任何重要事实,特别是投保人必须主动地向保险人陈述有关保险标的的风险情况的重要事情,不得以欺骗手段诱使保险人与之订立保险合同,否则,所订立的合同不具备法律效力。

由于保险关系的特殊性,人们在汽车保险事务中越来越感到诚信原则的重要性,要求保险合同双方当事人最大限度地遵守这一原则。诚信是指诚实、守信用,具体讲即要求合同双方当事人不隐瞒事实,不相互欺诈,以最大诚信全面履行各自的义务,以保证对方权利的实现。

做一做

车主苏先生为自己的长安之星微型客车(图1-13)投保汽车保险时,在使用性质一栏填写的是"家庭自用"。但苏先生从单位下岗后,就利用自己的微型客车进行非法营运,在长途客车站将旅客送往市区各地,并收取费用。一次在接送旅客的路上,苏先生发生了严重的交通事故,导致车辆受损严重,车上的旅客也受重伤。当保险公司调查了解到苏先生是在非法营运的过程中发生交通事故,拒绝赔偿。请问保险公司的做法合理吗?为什么?

a)   b)

图1-13 保险公司拒绝赔偿

你的答案:_____

_____

_____

_____ 。

3 近因原则

近因原则是指在风险与保险标的的损失关系中,如果近因属于被保风险,保险人应负赔偿责任;近因属于除外风险或未保风险,则保险人不负赔偿责任。

近因是造成保险标的损失最直接、最有效、起决定性作用或起支配性作用的原因。保险事故可能是由于单个原因造成的,也可能是由于多个原因造成的。判定保险责任的近因原则主要是从事故的起因对事件本身的作用力来考虑的,而不是从时间的先后顺序来考虑的。因此,"作用力"是最主要因素,不能单纯考虑时间的先后顺序。

做一做

一辆货车撞断了一棵大树,大树倒下压塌了旁边一间民房的屋顶,屋顶被压坏后掉下来砸死了房内的主人。请问:砸死房主的原因有哪些?其中最直接、最有效、起决定性作用的因素是什么?

你的答案：_____

_____

_____

4 损失补偿原则

损失补偿原则概念：当保险标的发生保险责任范围内的损失时，按照保险合同约定的条件，依照保险标的的实际损失，在保险金额以内进行补偿的原则。

这个概念包括三方面的含义：只有发生了损失才会补偿；损失必须在保险责任范围内；补偿以实际损失为限。

损失补偿的意义是使被保险人恢复到受损前的经济状况。就汽车保险而言，就是将事故车恢复到事故前的状况。

1）损失补偿的范围

（1）在保险金额以内：按实际损失赔偿。

当保险标的遭受损失后，按照保险合同规定，保险人的赔偿以被保险人所遭受的实际损失为限，不能超过被保险人的实际损失，被保险人不能通过保险获得额外利益。换言之，保险人的赔偿应当恰好使保险标的恢复到保险事故发生前的状态。例如，某人投保了车辆损失保险，保险金额为10万元，后来发生保险事故全部损毁，

图1-14 对事故车进行修理、修复

受损时车辆的市场价格已经下跌，仅为6万元，则保险人只按实际损失赔偿6万元。

（2）超出保险金额：按保险金额做出赔偿。

2）损失补偿的方式

（1）现金赔付；

（2）修理、修复（图1-14）；

（3）更换；

（4）重置。

二 汽车保险的作用

我国自1980年恢复汽车保险业务以来，汽车保险业务已经取得了长足的进步，尤其是伴随着汽车进入百姓日常生活，汽车保险正在逐步成为与人们生活密切相关的经济活动，其重要性和社会性也正逐步突现，作用也愈加明显。

1 促进汽车工业的发展,扩大对汽车的需求

汽车保险业务自身的发展对于汽车工业的发展起到了有力的推动作用,汽车保险的出现,解除了企业与个人对使用汽车过程中可能出现风险的担心,一定程度上提高了消费者购买汽车的欲望,一定程度扩大了对汽车的需求(图1-15)。

2 稳定了社会公共秩序

车辆所有者为了转嫁使用汽车带来的

图1-15 火爆的汽车市场

风险,愿意支付一定的保险费投保,汽车出险后从保险公司获得经济补偿。由此可以看出,汽车保险既有利于社会稳定,又有利于保障保险合同当事人的合法权益。

3 促进了汽车安全性能的提高

汽车保险公司出于有效控制经营成本和风险的需要,必然会加大事故车辆修复工作的管理,一定程度上提高了汽车维修质量管理的水平。同时,汽车保险公司从自身和社会效益的角度出发,联合汽车生产厂家、汽车维修企业开展汽车事故原因的统计分析,研究汽车安全新技术,并为此投入大量的人力和财力,从而促进了汽车安全性能方面的提高。

4 汽车保险业务在财产保险中占有重要的地位

目前,大多数发达国家的汽车保险业务在整个财产保险业务中占有十分重要的地位。美国汽车保险费收入占财产保险总保费的45%左右,占全部保费的20%左右。亚洲地区的日本和中国台湾汽车保险的保费占整个财产保险总保费的比例更是高达58%左右。

从我国情况来看,在过去的30多年,汽车保险业务保费收入每年都以较快的速度增长。在国内各保险公司中,汽车保险业务保费收入占其财产保险业务总保费收入的50%以上,部分公司的汽车保险业务保费收入占其财产保险业务总保费收入的60%以上。汽车保险业务的效益已成为财产保险公司效益的"晴雨表"。

三 汽车保险的分类

目前,我国汽车保险产品主要分为主险和附加险。

1 主险

汽车保险中的主险主要有以下三种:

(1)机动车交通事故责任强制保险,简称交强险;

(2)机动车损失保险,简称车损险;

(3)机动车第三者责任保险,简称三者险。

2 附加险

各个汽车保险公司除了主险外,还会根据公司自身经营情况和车主的需求推出各种各样的附加险,以供车主进行选择购买。

汽车保险业务中,只有购买了主险后,才能购买相应的附加险。

(1)购买了机动车车辆损失保险后可以购买的附加险有:全车盗抢险、玻璃单独破碎险、车辆停驶损失险、自燃损失险、新增加设备损失险等。

(2)购买了机动车第三者责任保险后可以购买的附加险有:车上责任险、无过失责任险、车载货物掉落责任险等。

(3)购买了机动车车辆损失保险和机动车第三者责任保险后可以购买的附加险有:不计免赔特约险等。

3 保险条款的种类

从2006年7月起,除附加险仍由各财产保险公司根据自身情况差异化经营外,主险将实施由保险行业协会统一条款,分为A、B、C三个版本供各财产保险公司选择(表1-5),其他主险条款及费率被废止。

A、B、C保险条款　　　　　　　　　　　　表1-5

条款简称	条款全称	保险公司
A条款	人保财险条款	PICC 中国人保财险
B条款	平安财险条款	中国平安 PING AN OF CHINA
C条款	太平洋财险条款	太平洋保险 CPIC

第四节 交通事故处理基本知识

背景资料：

先有汽车事故，后有汽车保险。随着我国汽车保有量的急剧增长，汽车事故数量也在快速增多(图1-16)，汽车保险事故也随之增加。自1889年世界上第一起车祸死亡事故至今，全球死于交通事故的人数总计高达3200多万人，远高于同期死于战争的人数，地球上平均每15s就有1人死于交通事故，全世界每年因道路交通事故重伤入院高达500万人，受伤人数超过3000万人。2018年，我国汽车发生交通事故166906起，导致46161人死亡，169046人受伤，直接财产损失118671.6万元。因此，有志于从事汽车保险工作的同学，必须懂得一些交通事故处理的基本知识。

图1-16 交通事故

一 交通事故责任认定

一般在交通事故当中，交警部门对于事故责任的认定有全部责任、主要责任、同等责任、次要责任、无责任五种情况。

根据《道路交通事故处理程序规定》第六十条规定：公安机关交通管理部门应当根据当事人的行为对发生道路交通事故所起的作用以及过错的严重程度，确定当事人的责任。

(1)因一方当事人的过错导致道路交通事故的，承担全部责任；当事人逃逸，造成现场变动、证据灭失，公安机关交通管理部门无法查证交通事故事实的，逃逸的当事人承担全部责任；当事人故意破坏、伪造现场、毁灭证据的，承担全部责任。

(2)因两方或者两方以上当事人的过错发生道路交通事故的，根据其行为对事故发生的作用以及过错的严重程度，分别承担主要责任、同等责任和次要责任。

(3)各方均无导致道路交通事故的过错，属于交通意外事故的，各方均无责任；一方当事人故意造成道路交通事故的，他方无责任。

二 较明显事故责任划分

案例1：A车追撞B车尾部(图1-17)，A车在本次事故中负全责。

案例2：红灯亮时，A车右转弯，未让被放行的B车先行，导致发生碰撞(图1-18)，A车在本次事故中负全责。

图1-17　追撞前车尾部

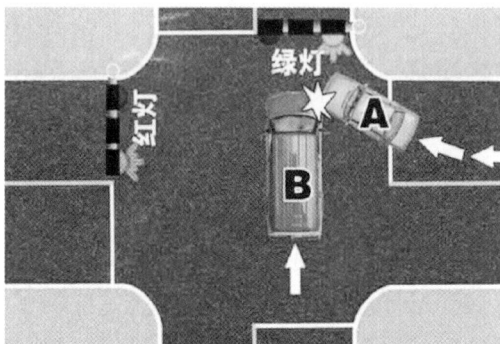

图1-18　红灯亮时，右转弯车未让被放行的车先行

案例3：A车变更车道时，未让正在该车道内行驶的B车先行，导致发生碰撞(图1-19)，A车在本次事故中负全责。

案例4：通过没有交通信号灯控制或者没有交通警察指挥的交叉路口时，在交通标志、标线未规定优先通行的路口，A车未让右方道路的来车B车先行，导致发生碰撞(图1-20)，A车在本次事故中负全责。

图1-19　变更车道时，未让正在该车道内行驶的车先行

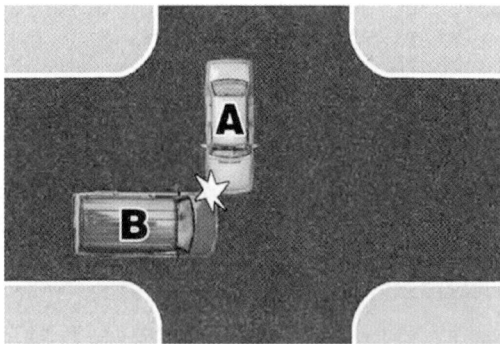

图1-20　未让右方道路的来车先行

案例5：在有禁止掉头标志、标线的地方以及在人行横道、桥梁、陡坡、隧道，A车违章掉头，导致与对面道路的B车发生碰撞(图1-21)，A车在本次事故中负全责。

案例6：在没有中心隔离设施或者没有中心线的道路上会车时，有障碍的一方未让无障碍的一方先行的；有障碍的一方已驶入障碍路段，无障碍的一方未驶入时，无障碍的一方未让有障碍的一方先行的。本案例中的A车为有障碍方，未让已驶入障碍路段的无障碍方 B 车先行(图 1-22),导致发生碰撞,A 车在本次事故中负全责。

图 1-21 违章掉头

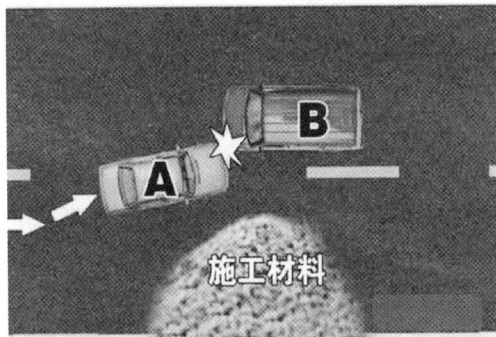

图 1-22 在障碍路段会车发生碰撞

案例 7:进入环形路口的 A 车,未让已在路口内的 B 车先行,导致发生碰撞(图 1-23),A 车在本次事故中负全责。

案例 8:A 车在超车时越过中心线与对面来车发生碰撞(图 1-24),A 车在本次事故中负全责。

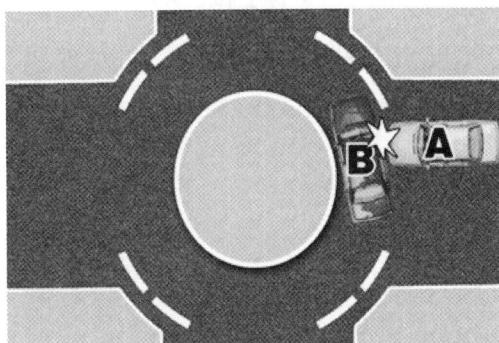

图 1-23 进入环形路口的车,未让已在路口内的车先行

图 1-24 在超车时越过中心线与对面来车发生碰撞

三 交通事故现场草图

1 绘制现场草图(图 1-25)

交通事故现场图是平面俯视图,利用图例和注记,通过数据,能科学地反映交通事故现场真实的情况。现场图上记录有地物、地貌的符号,有道路的边线、分道情况、车辆停放位置、人体倒卧位置、路面痕迹和散落物等。现场草图应标明是原始现场、变动现场、复原现场,还是复勘现场,并注明方位。

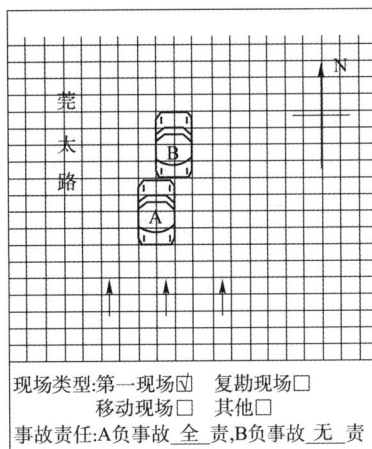

图 1-25 交通事故现场草图

一幅好的现场图,要能反映出事故现场的实际情况,包括现场环境、事故性质、现场痕迹及损失情况等。要想快速、高效地绘制出现场草图,在绘图过程中,必须把握好几个方面。

分析现场环境:到达事故现场后一定要先熟悉现场环境,环视现场是第一步。分析现场环境包括确认现场所处位置,迅速找出一个比较合适的基准点;观察事故现场范围大小,选取一个中心位置,以便绘图时将整个事故现场展现在草图中间部分。

注意绘制细节:在现场绘图中,要注意事故现场中的细节部分。比如制动印痕起止点所处位置、长度等痕迹,它能客观反映车辆在发生事故时的行驶路线及速度。对于一些事故车辆轮胎破损的现场,要弄清楚地面痕迹是因爆胎造成的车辆侧滑拖印痕,还是车辆的制动印痕,从而确定引发事故的原因所在。

完勘后再次复核现场草图:现场勘察结束后要对现场草图进行再次复核,查漏补缺。现场方位是否准确,车辆停放位置的有关数据是否准确,有无制动距离,制动拖印的始点和终点位置、数据是否准确、第一接触点位置、人体倒卧的位置及与车辆的关系数据是否准确;有无散落物的标注,与基准点关联是否准确等,如发现错漏,应及时改正。

2 交通事故常用现场草图图示(表1-6)

交通事故常用现场草图图示 表1-6

图表代表	图示	备注	图示代表	图示	备注
轿车平面		包括越野	道路		路面性质以文字说明,如沥青、混凝土
客车平面		大、中、小、微(除轿车、越野外)	道路平交口		丁字路口和复杂路口按实际情况描绘
货车平面		包括重、中、轻型货车,低速载货汽车、专项作业车辆	桥		
牵引车平面			中心虚线		
挂车平面			中心双实线		

本章小结

1. 汽车保险最早起源于英国,随后在英国、美国等国家得到快速发展。

2. 我国汽车保险的发展进程。

3. 汽车保险、保险标的、保险人、投保人、被保险人、保险费、保险期限的概念。

4. 汽车保险的特征。

5. 汽车保险运行基本原则。

6. 汽车保险的作用。

7. 汽车保险的主险与附加险。

8. 交通事故责任认定及较明显事故责任划分。

9. 交通事故草图的绘制。

课后训练

一、选择题

1. 汽车保险最早起源于(　　　)。

　　A. 日本　　　　　　B. 美国　　　　　　C. 英国

2. 新中国成立后,我国第一家开展汽车保险业务的保险公司是(　　　)。

　　A. 中国人民保险公司

　　B. 中国平安财产保险公司

　　C. 中国太平洋财产保险公司

二、填空题

1. 汽车保险业务中,只有购买了_____险后,才能购买相应的附加险。

2. 一般在交通事故当中,交警部门对于事故责任的认定有:_____责任、_____责任、_____责任、_____责任、_____责任五种情况。

三、名词解释

1. 汽车保险

2. 保险人

3. 被保险人

四、问答题

1. 汽车保险与其他险种相比,具有什么特征?

2. 汽车保险运行基本原则是什么?

3. 损失补偿的方式有哪几种?

4. 汽车保险的作用是什么?

5. 汽车保险中的主险主要有哪三种?

6. 目前汽车保险行业产品分为 A、B、C 三套条款,它们分别指的是什么?

7. 一般在交通事故中,交警部门对于事故责任的认定有哪几种情况?

五、连线题

请将以下国家与其对应的汽车保险特色进行连线。

法国　　　　　　　　　谁责任大,谁就多负责

日本　　　　　　　　　汽车品牌,要分等级

美国　　　　　　　　　酒后不驾,保险公司买单

德国　　　　　　　　　不买三责险,可以判刑

第二章
机动车交通事故责任强制保险

本章描述

    本章主要讲述我国机动车交通事故责任强制险的发展概况,详细介绍了我国机动车交通事故责任强制险保险条款,以及无责赔付计算方法。

知识目标

1. 了解交通事故责任强制保险的发展概况;
2. 熟悉交通事故责任强制保险的保险条款。

技能目标

1. 能正确解读保险条款;
2. 能对典型案件进行无责赔付计算。

素养目标

1. 养成实事求是的工作态度;
2. 学会独立完成本职工作。

建议学时

12学时。

第一节 发展概况

背景资料:

周围很多车主在日常生活中谈论着"交强险"(图2-1)的话题。那么,什么是"交强险"?它是在什么时候产生?为何受到车主们的如此关注?

图2-1 交强险

一 我国机动车交通事故责任强制保险的出台

机动车交通事故责任强制保险,简称"交强险",于2006年7月1日正式实施,标志着我国第一个以立法形式设立的机动车强制险种出现。交强险实行全国统一的保险条款和基础费率,交强险业务总体上遵循"不盈利、不亏损"的原则。

做一做

咨询你的家人、亲戚和老师,完成下面的调查表(表2-1)。

二 机动车交通事故责任强制保险的定义

机动车交通事故责任强制保险,是指由保险公司对被保险机动车发生道路交通事故造成本车人员、被保险人以外的受害人的人身伤亡、财产损失、在责任限额内予以赔偿的强制性责任保险。

交强险购买调查表 表 2-1

序号	车 型	是否购买"交强险" (填"是"或"否")	今年缴纳"交强险"保费 (元)	购买动机 (填"自愿"或"因国家强制")
1				
2				
3				
4				
5				
6				
7				
8				
9				
10				

三 交强险的保险费

1 基础保险费

想一想

购买交强险时,我们需要缴纳多少保险费用呢?

不同类型的汽车,不同的使用性质,所需要缴纳的保险费用也有所区别。我们可以根据汽车的实际情况,结合下面的交强险基础费率表(表 2-2),查找出保险费用。

交强险基础费率表 表 2-2

序号	车 辆 大 类	车辆明细分类	保费(元)
1	一、家庭自用	家庭自用 6 座以下	950
2		家庭自用 6 座及以上	1100
3	二、非营业客车	企业非营业汽车 6 座以下	1000
4		企业非营业汽车 6～10 座	1130
5		企业非营业汽车 10～20 座	1220

序号	车辆大类	车辆明细分类	保费（元）
6	二、非营业客车	企业非营业汽车20座以上	1270
7		机关非营业汽车6座以下	950
8		机关非营业汽车6～10座	1070
9		机关非营业汽车10～20座	1140
10		机关非营业汽车20座以上	1320
11	三、营业客车	营业出租租赁6座以下	1800
12		营业出租租赁6～10座	2360
13		营业出租租赁10～20座	2400
14		营业出租租赁20～36座	2560
15		营业出租租赁36座以上	3530
16		营业城市公交6～10座	2250
17		营业城市公交10～20座	2520
18		营业城市公交20～36座	3020
19		营业城市公交36座以上	3140
20		营业公路客运6～10座	2350
21		营业公路客运10～20座	2620
22		营业公路客运20～36座	3420
23		营业公路客运36座以上	4690

做一做

车主李女士刚买了一辆丰田雷凌轿车（图2-2），用于平时上下班代步，以家庭自用的使用性质投保交强险，那么她需要缴纳交强险保费多少钱？

你的答案：_____。

2 交强险费率浮动

为了促进道路交通安全，从2007年7月1日起，在全国范围内交强险费率与交通事故挂钩（图2-3），具体规定如下。

1）交强险费率下调规定

（1）上一个年度未发生有责任交通事故的交强险费率下调比例为10%；

图 2-2 丰田雷凌轿车

图 2-3 交强险费率浮动

（2）上两个年度未发生有责任交通事故的交强险费率下调比例为 20%；

（3）上三个及三个以上年度未发生有责任交通事故的交强险费率下调比例为 30%。

2）交强险费率上浮规定

（1）上一个年度发生两次及两次以上有责任交通事故的交强险费率上浮比例为 10%；

（2）上一个年度发生有责任交通死亡事故的交强险费率上浮比例为 30%。

3）其他规定

（1）上一个年度发生一次有责任不涉及死亡的道路交通事故的费率不实行浮动；

（2）仅发生无责任道路交通事故的无论次数多少，费率仍可享受向下浮动。

3 酒驾与交强险费率逐渐实行联动（图 2-4）

1）酒驾与交强险费率挂钩是全国性惩戒机制

公安部、中国保险监督管理委员会于 2010 年曾联合下发了《关于实行酒后驾驶与机动车交强险费率联系浮动制度的通知》，要求逐步实行酒后驾驶与机动车交强险费率联系浮动制度，浮动费率的具体标准由各省（自治区、直辖市）保监局和省级公安机关在充分测算和论证的基础上，结合地方实际进行确定。据了解，目前北京、上海、湖北、安徽、广西、海南、四川、湖南、甘肃等十多个省市已实施了此项费率浮动机制。

图 2-4 酒驾与交强险费率逐渐实行联动

2)深圳市酒后驾驶与机动车交强险费率联系浮动方案

深圳市公安局、深圳保监局决定从2011年3月1日起,对深圳市参保交强险的机动车,交强险保费高低与酒后驾驶行为挂钩。

(1)酒后驾驶违法行为与交强险费率联系浮动适用跟车原则,即无论酒后驾驶违法行为人是否为被驾驶车辆所有人,被驾驶车辆在下一个保险年度承保时都属于费率浮动范围。

(2)深圳市交强险费率与酒后驾驶违法行为相联系的浮动标准拟定为:上一保险年度内每发生一次饮酒后驾驶违法行为的,被驾驶机动车次年交强险费率上浮15%;上一保险年度内每发生一次醉酒后驾驶违法行为的,被驾驶机动车次年交强险费率上浮30%。与酒后驾驶违法行为相联系的比率 = 饮酒后驾驶违法行为次数×15% + 醉酒后驾驶违法行为次数×30%,累计费率上浮不超过60%。

交强险最终保险费计算方法是:交强险最终保险费 = 交强险基础保险费×(1 + 与道路交通事故相联系的浮动比率 + 与酒后驾驶违法行为相联系的比率)。

(3)过往酒驾行为不究。深圳市交强险费率浮动不追溯2011年3月1日前发生的酒后驾驶违法行为。交强险保费的浮动比例实行每保险年度清零一次,统一核算制。在上一保险年度内,因酒后驾驶交强险保费已上浮的,第二年不再累计上浮。专业人士认为,此种设计的目的不仅是惩罚,而且希望当事者知错就改,降低酒驾行为。

做一做

深圳市的李先生家有一辆日产轩逸轿车(图2-5),李先生在2018年被记录有两次饮酒后驾车和三次醉酒后驾车,那么在购买2019年保险的时候,他的交强险上浮比例应是多少?

图2-5 日产轩逸轿车

你的答案:_____。

4 **最终保费计算**

（1）新车第一次购买交强险的,保险费用参照《交强险基础费率表》。

（2）投保人投保保险期间小于7日短期险的,计算公式为:短期保费 = 基础保险费×7/365。投保人投保保险期间大于或等于7日短期险的,计算公式为:短期保费 = 基础保险费×n/365(n为投保人的投保天数)。

注:上述公式的最终计算结果如为小数,则四舍五入取整为元。

（3）交强险最终保险费 = 交强险基础保险费×(1 + 与道路交通事故相联系的浮动比率 + 与酒后驾驶违法行为相联系的比率)。

（4）保险费必须一次全部收取,不得分期收费。

做一做

程先生于2018年购买了一辆宝马320Li轿车(图2-6),当年缴纳了950元交强险保费。程先生开车一向比较谨慎,所以他的车在过去一中未曾发生交通事故,请问程先生在2019年购买交强险时需要缴纳多少保费?

图2-6 宝马320Li轿车

你的答案:_____。

四 保险人的告知义务

（1）向投保人提供投保单并附《机动车交通事故责任强制保险条款》,向投保人介绍交强险条款;

（2）向投保人明确说明，保险公司按照《交强险费率浮动暂行办法》的有关规定实行交强险的费率浮动；

（3）向投保人明确说明，保险人按照国务院卫生主管部门组织制定交通事故人员创伤临床诊疗指南和国家基本医疗保险标准审核医疗费用；

（4）告知投保人不要重复投保交强险，即使多份投保也只能获得一份保险保障；

（5）有条件地区，可告知投保人如何查询交通安全违法行为、交通事故记录；

（6）告知投保人应按《中华人民共和国车船税暂行条例》规定在投保交强险同时缴纳车船税（图2-7），法定免税或有完税、免税证明的除外；

（7）2019年8月9日起，广东车险电子保单正式上线。此次推行车险电子保单由广东地区41家产险公司共同参与实施，目前涵盖范围包括广东地区投保交强险及商业险的客车、轿车、货车、特种车等机动车辆；摩托车、拖拉机、单程提车险及跨境港澳车电子保单暂缓实行。

图2-7　投保交强险同时缴纳车船税车

车险电子保单实施后，若车主在投保交强险时无法向保险公司足额缴纳车船税的，根据《国家税务总局中国保险监督管理委员会关于机动车车船税代收代缴有关事项的公告》"投保人无法立即足额缴纳车船税的，保险公司不得将保单、保险标志和保费发票等票据交给投保人，直至投保人缴纳车船税或提供税务机关出具的完税证明或免税证明"相关规定，保险公司承担保险责任，将以短信形式告知车险消费者投保交强险的基本承保信息。但保险公司不得将交强险电子保单、电子交强险标志和保费发票（包括电子发票）等发送给车险消费者，车险消费者也无法在保险公司官方网站查询、下载交强险电子保单、电子交强险标志，直至投保人缴纳车船税或提供税务机关出具的完税证明或免税证明。车船使用税标准，见表2-3。

车船使用税标准   表2-3

排　　量	税额(元/年)	备　　注
1.0L(含)以下	180	
1.0L以上至1.6L(含)	360	
1.6L以上至2.0L(含)	420	
2.0L以上至2.5L(含)	720	核定载客人数9人(含)以下
2.5L以上至3.0L(含)	1800	
3.0L以上至4.0L(含)	3000	
4.0L以上	4500	

五 交强险处罚规定

1 未按规定投保处罚

未按规定投保的,由公安机关管理部门扣留机动车,处依照规定投保最低责任限额的保险费的2倍罚款。

2 电子保单的使用

根据公安部办公厅与中国银保监会办公厅联合下发的《关于加强警保合作进一步深化公安交通管理"放管服"改革工作的意见》(公交管〔2018〕485号)文件精神,公安机关交通管理部门在道路路面执勤执法中,可通过信息系统实时查询电子保单、电子标志信息。办理机动车异地年审时,车主凭电子保单信息及异地年审要求的其他手续即可办理,不再要求车主提交和查验收存交强险纸质凭证。公安机关交通管理部门在办理以上业务时也可通过中国保信官方网站、微信公众号(中国保信电子化服务平台)或联网核查等方式查验车主提供的交强险电子保单、电子标志信息。

电子保单落实后,车主将告别纸质保单,交强险标志也改成电子版,不用再贴在风窗玻璃上了,可直接通过电子系统识别。

第二节 保险条款

背景资料:

车主们每年花钱购买交强险(图2-8)。一旦发生交通事故,交强险能给人们带来哪些保障呢？

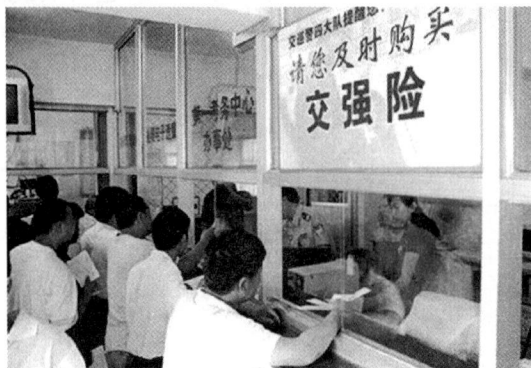

图 2-8 购买交强险

一 保险责任

在中华人民共和国境内(不含港、澳、台地区)，被保险人在使用被保险机动车过程中发生道路交通事故，致使受害人遭受人身伤亡或者财产损失，依法应当由被保险人承担的损害赔偿责任。保险人按照交强险合同的约定，对每次事故在下列赔偿限额内负责赔偿(表2-4)。

交强险赔付标准   表2-4

责 任 限 额	200000 元
机动车在道路交通事故中有责任的赔偿限额	死亡伤残赔偿限额：180000 元； 医疗费用赔偿限额：18000 元； 财产损失赔偿限额：2000 元
机动车在道路交通事故中无责任的赔偿限额	死亡伤残赔偿限额：18000 元； 医疗费用赔偿限额：1800 元； 财产损失赔偿限额：100 元

二 垫付与追偿

被保险机动车在下列之一的情形下发生交通事故的，造成受害人受伤需要抢救的，保险人可根据相关规定进行垫付(图2-9)。对于垫付的抢救费用，保险人有权向致害人追偿。

(1)驾驶人未取得驾驶资格的；

（2）驾驶人醉酒的；

（3）被保险机动车被盗抢期间肇事的；

（4）被保险人故意制造交通事故的。

三　责任免除

下列损失和费用，交强险不负责赔偿和垫付：

（1）因受害人故意造成的交通事故的损失；

（2）被保险人所有的财产及被保险机动车上的财产遭受的损失；

（3）被保险机动车发生交通事故，致使受害人停业、停驶、停电、停水、停气、停产、通信或者网络中断、数据丢失、电压变化等造成的损失以及受害人财产因市场价格变动造成的贬值、修理后因价值降低造成的损失等其他各种间接损失（图2-10）；

（4）因交通事故产生的仲裁或者诉讼费用以及其他相关费用。

图2-9　交强险垫付

图2-10　交通事故导致停电损失

四　保险期间

交强险合同的保险期间为一年，以保险单载明的起止时间为准。

做一做

林女士的本田思域轿车（图2-11）交强险是在 2019 年 11 月 17 日购买并生效的。请问她的交强险保险期间为 _____ 年 _____ 月 _____ 日 ~ _____ 年 _____ 月 _____ 日。

图 2-11　本田思域轿车

五　合同变更与终止

1) 合同变更

发生以下变更事项时,保险人应对保险单进行批改,并根据变更事项增加或减少保险费:

(1) 被保险机动车转卖、转让、赠送他人(指本地过户)。

(2) 被保险机动车变更使用性质。

(3) 投保人未如实告知重要事项,对保险费计算有影响的,并造成按照保单年度重新核定保险费上升的。

(4) 在保险合同有效期限内,被保险机动车因改装、加装等导致危险程度增加,未及时通知保险人,且未办理批改手续的。

(5) 变更其他事项。

2) 合同终止

在下列情况下,投保人可以要求解除交强险合同:

(1) 被保险机动车被依法注销登记的。

(2) 被保险机动车办理停驶的。

(3) 被保险机动车经公安机关证实丢失的。

(4) 投保人重复投保交强险的。

(5) 被保险机动车被转卖、转让、赠送至车籍所在地以外的地方(车籍所在地按地市级行政区划分)。

(6) 新车因质量问题被销售商收回或因相关技术参数不符合国家规定交管部门不予上户的。

保险人解除合同的,保险人应收回交强险保险单等,并可以书面通知机动车管理部门。对于投保人无法提供保险单和交强险标志的,投保人应向保险人书面说明情况并签字(章)确认,保险人同意后可办理退保手续。

六 查勘和定损

(1)事故各方机动车的保险人在接到客户报案后,有责方车辆的保险公司应进行查勘(图2-12),对受害人的损失进行核定。无责方车辆涉及人员伤亡赔偿的,无责方保险公司也应进行查勘定损。

(2)事故任何一方的估计损失超过交强险各分项赔偿限额的,应提醒事故各方当事人依法进行责任划分。

(3)事故涉及多方保险人,但存在一方或多方保险人未能进行查勘定损的案件,未能进

图2-12　交强险事故查勘

行查勘定损的保险人,可委托其他保险人代为查勘定损;受委托方保险人可与委托方保险人协商收取一定费用。接受委托的保险人,应向委托方的被保险人提供查勘报告、事故/损失照片和由事故各方签字确认的损失情况确认书。

七 赔偿处理

发生涉及交强险交通事故的,由被保险人向保险公司申请赔偿保险金。被保险人索赔时,应当向保险公司提供以下资料:

(1)交强险的保险单(图2-13)。

(2)保险公司出具的索赔申请书(图2-14)。

(3)被保险人和受害人的有效身份证明、被保险机动车行驶证和驾驶人的驾驶证。

(4)被保险人名下的银行卡。

(5)被保险人根据有关法律法规规定选择自行协商方式处理交通事故的,应当提供依照《道路交通事故处理程序规定》记录交通事故情况的协议书。

(6)公安机关交通管理部门出具的事故证明,或者人民法院等机构出具的有关法律文书及其他证明。

(7)受害人财产损失程度证明、人身伤残程度证明、相关医疗证明以及有关损失清单和费用单据。

(8)其他与确认保险事故的性质、原因、损失程度等有关的证明和资料。

机动车交通事故责任强制保险单(正本)

| LOGO ×××保险公司 | (地区简称:0000000000)
保险单号: |

被保险人					
被保险人身份证号码(组织机构代码)					
地址				联系电话	
被保险机动车	号牌号码		机动车种类	使用性质	
	发动机号码		识别代码(车驾号)		
	厂牌型号		核定载客	人 核定载质量	千克
	排量		功率	登记日期	
责任限额	死亡伤残赔偿限额	元	无责任死亡伤残赔偿限额		元
	医疗费用赔偿限额	元	无责任医疗费用赔偿限额		元
	财产损失赔偿限额	元	无责任财产损失赔偿限额		元
与道路交通安全违法行为和道路交通事故相联系的浮动比率					%
保险期合计(人民币大写):			(¥: 元)其中救助基金(%)¥: 元		
保险期间自 年 月 日零时起至 年 月 日二十四时止					
保险合同争议解决方式					

特别约定	

重要提示	1. 请详细阅读保险条款,特别是责任免除和投保人,被保险人义务。 2. 收到本保险单后,请立即核对,如有不符或疏漏,请及时通知保险人并办理变更补充手续。 3. 保险费应一次性交清,请您及时核对保险单和发票(收据),如有不符,请及时与保险人联系。 4. 投保人应如实告知对保险费计算有影响的或被保险机动车因改装、加装、改变使用性质等导致危险程度增加的重要事项,并及时通知保险人办理批改手续。 5. 被保险人应当在交通事故发生后及时通知保险人。

保险人	公司名称: 公司地址: 邮政编码: 服务电话: 签单日期: (保险人签章)

保险人授权签字: 复核: 制单: 业务员: 代理/经纪人:

第×联 交投保人

图2-13 交强险保险单

××财产保险公司

机动车辆保险索赔申请书

报案编号：

被保险人：			保险单号：	
厂牌型号：	号牌号码：		牌照底色：	车辆种类：
出险时间：			出险原因：	
报案人：			报案原因：	
报案方式：□95585 □传真 □上门 □其他			是否第一现场报案：□是 □否	
联系人：			联系电话：	
出险地点：			出险地邮政编码：	
出险地点分类	□高速公路 □普通公路 □城市道路 □乡村便道和机耕道 □场院及其他		车辆已行驶里程：	已使用年限：
			车辆初次登记日期：	
处理部门：□交警 □其他事故处理部门 □保险公司 □自行处理				排量/功率：

驾驶人员情况	驾驶人员姓名：		初次领证日期： 年 月 日		
	驾驶证号码：□□□□□□□□□□□□□□□□□□				
	准驾车型：□A □B □C 其他		性别：□男 □女		年龄：
	职业分类	□职业驾驶员 □国家社会管理者 □企业管理人员 □私营企业主 □专业技术人员 □办事人员 □个体工商户 □商业服务业员工 □产业工人 □农业劳动者 □军人 □其他			
	文化程度： □研究生以上 □大学本科 □大专 □中专 □高中 □初中及以下				

事故经过：(请您如实填报事故经过。报案时的任何虚假、欺诈行为,均可能成为保险人拒绝赔偿的依据。)

报案人签字：

年 月 日

中华联合财产保险公司＿＿＿＿＿＿＿＿＿＿＿＿＿＿＿＿＿＿＿＿＿；

　　本人的保险车辆发生的上述事故已结案,相关的索赔材料已整理齐全,现特向贵公司提出索赔申请。

　　本人声明:以上所填写的内容和向贵公司提交的索赔材料真实、可靠,没有任何虚假和隐瞒。

　　此致

被保险人签章：

年 月 日

图2-14 索赔申请书

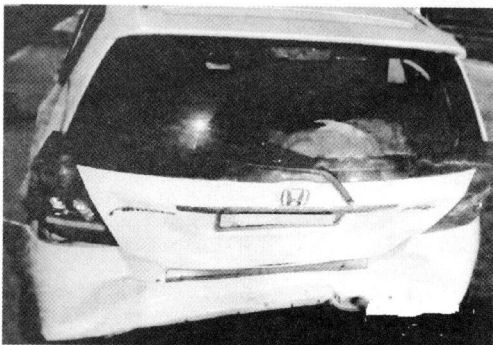

第三节　无责赔付

背景资料：

佛山市顺德区车主赖先生驾驶着自己的本田飞度轿车在公路上小心翼翼地行驶,竟然遭遇了一辆大货车追尾相撞(图2-15)。经交警处理后,判定赖先生在事故中无责任,对方负全部责任。赖先生在购买交强险时得知哪怕自己在事故当中无责任,也是需要进行赔付的。但要赔多少?怎么赔?赔款由谁负责支付……赖先生对交强险中无责赔偿实在有很多很多的疑问。

相信同学们和大部分车主一样,对此也有很多的疑问。那么我们就一起来学习交强险"无责财产赔付简化处理机制",共同解开心中的疑团。

图2-15　飞度轿车被追尾

一　基本思路

应由无责方交强险承担的对有责方车辆损失的赔偿责任,由有责方保险公司在本方交强险项下代为赔偿。

二　赔付计算

以下面的案例进行赔付计算的说明。

A车在甲保险公司投保了交强险,B车在乙保险公司投保了交强险,A车闯红灯导致A、B两车发生碰撞(图2-16),交警处理判定A车负全责(损失500元),B车无责(损失300元),设A、B车适用的交强险无责任赔偿限额为100元,则赔付结果是什么?

注:先计算无责方及其保险公司的赔款,这样使计算难度由简单到复杂,计算思路更加清晰。

(1)问题1:B车赔付给A车多少钱?这些钱由哪家保险公司出?

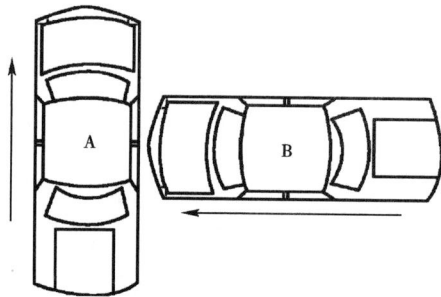

图2-16　A、B两车发生碰撞

B车交强险赔付给 A 车 100 元,由 A 车保险公司甲在本方交强险财产损失赔偿限额内代为赔偿。

(2)问题2:A车赔付给B车多少钱?这些钱由哪家保险公司出?

A车赔付给 B 车 300 元,由 A 车保险公司甲在本方交强险财产损失赔偿限额内出(知识回顾:有责赔偿限额为 2000 元)。

(3)问题3:甲、乙两家保险公司在本起事故当中交强险范围内分别赔付多少钱?

乙保险公司共赔付:B 车无责赔款 = 0 元(B 车在本起事故当中无责,无责赔款100 元已由甲保险公司代赔)。

甲保险公司共赔付:B 车的无责代赔 + B 车财产损失 = 100 元 + 300 元 = 400 元

交强险的赔付只针对对第三者造成的人身伤亡或者财产损失,对本车(A 车的损失)不负责赔偿。

知识拓展

交强险无责赔付计算(三车互碰,一方全责,其余两方无责)

问题:

A 车在甲保险公司投保了交强险,B 车在乙保险公司投保了交强险,C 车在丙保险公司投保了交强险。A、B、C 三车互碰造成三方汽车损坏,经交警处理判定 A 车全责(损失 600 元),B 车无责(损失 600 元),C 车无责(损失 800 元)。设 A、B、C 车适用的交强险无责任赔偿限额为 100 元,则赔付结果是什么?

基本思路:交通事故当中,出现两个无责方时,需分别向有责方做出 100 元的无责任财产损失赔偿。

计算步骤 1:

B、C 车赔付给 A 车多少钱?这钱由哪家保险公司出?

B 车交强险赔付给 A 车 100 元,由 A 车保险公司甲在本方交强险财产损失赔偿限额内代为赔偿。

C 车交强险赔付给 A 车 100 元,由 A 车保险公司甲在本方交强险财产损失赔偿限额内代为赔偿。

计算步骤 2:

A 车分别赔付给 B、C 车多少钱?这钱由哪家保险公司出?

A 车赔付 B 车 600 元,赔付 C 车 800 元,共计 1400 元。由 A 车保险公司甲在本方交强险财产损失赔偿限额内做出赔偿。

计算步骤3：

甲、乙、丙三家保险公司分别要赔付多少钱？

甲保险公司共赔付：B车损失＋C车损失＋B车无责代赔＋C车无责代赔＝600元＋800元＋100元＋100元＝1600元

乙保险公司共赔付：B车无责赔款＝0元

（B车在本起事故当中无责，无责赔款100元已由甲保险公司代赔）

丙保险公司共赔付：C车无责赔款＝0元

（C车在本起事故当中无责，无责赔款100元已由甲保险公司代赔）

本章小结

1. 机动车交通事故责任强制保险,简称"交强险",于2006年7月1日正式实施。

2. 交强险的定义。

3. 交强险的保险费用及费率浮动规定。

4. 交强险的保险单、保险标志及处罚相关规定。

5. 交强险的保险责任、垫付与追偿、责任免除、保险期间、保险合同的变更与终止、查勘和定损、赔偿处理。

6. 交强险无责赔付计算基本思路:应由无责方交强险承担的对有责方车辆损失的赔偿责任,由有责方保险公司在本方交强险项下代为赔偿。

课后训练

一、填空题

1. "交强险"是_____的简称,于_____年_____月_____日正式实施。它标志着我国第一个以立法形式设立的机动车强制险种出现。

2. 6座以下家庭自用汽车交强险基本保费_____元/年。

3. 交强险费率浮动:

(1)交强险费率下调规定:

①上一个年度未发生有责任交通事故的交强险费率下调比例为_____% ;

②上两个年度未发生有责任交通事故的交强险费率下调比例为_____% ;

③上三个及三个以上年度未发生有责任交通事故的交强险费率下调比例为_____%。

（2）交强险费率上浮规定：

①上一个年度发生两次及两次以上有责任交通事故的交强险费率上浮比例为_____%；

②上一个年度发生有责任交通死亡事故的交强险费率上浮比例为_____%。

（3）其他规定：

①上一个年度发生_____次有责任不涉及死亡的道路交通事故的费率不实行浮动；

②仅发生_____道路交通事故的无论次数多少，费率仍可享受向下浮动。

4. 交强险赔付标准，完成表2-5。

交强险赔付标准　　　　　　　　　　　　　　　　　　　表2-5

责 任 限 额	200000 元
机动车在道路交通事故中有责任的赔偿限额	死亡伤残赔偿限额：_____元 医疗费用赔偿限额：_____元 财产损失赔偿限额：_____元
机动车在道路交通事故中无责任的赔偿限额	死亡伤残赔偿限额：_____元 医疗费用赔偿限额：_____元 财产损失赔偿限额：_____元

二、问答题

1. 机动车交通事故责任强制保险的定义是什么？

2. 被保险机动车在什么情形下发生交通事故的，造成受害人受伤需要抢救的，保险人可根据相关规定进行垫付？对于垫付的抢救费用，保险人是否有权向致害人追偿？

3. 在什么情况下，投保人可以要求解除交强险合同？

附件　机动车交通事故责任强制保险条款

中保协条款〔2006〕1号

总　　则

第一条　根据《中华人民共和国道路交通安全法》《中华人民共和国保险法》《机动车交通事故责任强制保险条例》等法律、行政法规，制定本条款。

第二条　机动车交通事故责任强制保险（以下简称交强险）合同由本条款与投

保单、保险单、批单和特别约定共同组成。凡与交强险合同有关的约定,都应当采用书面形式。

第三条 交强险费率实行与被保险机动车道路交通安全违法行为、交通事故记录相联系的浮动机制。

签订交强险合同时,投保人应当一次支付全部保险费。保险费按照中国银行保险监督管理委员会(以下简称银保监会)批准的交强险费率计算。

定　义

第四条 交强险合同中的被保险人是指投保人及其允许的合法驾驶人。

投保人是指与保险人订立交强险合同,并按照合同负有支付保险费义务的机动车的所有人、管理人。

第五条 交强险合同中的受害人是指因被保险机动车发生交通事故遭受人身伤亡或者财产损失的人,但不包括被保险机动车本车车上人员、被保险人。

第六条 交强险合同中的责任限额是指被保险机动车发生交通事故,保险人对每次保险事故所有受害人的人身伤亡和财产损失所承担的最高赔偿金额。责任限额分为死亡伤残赔偿限额、医疗费用赔偿限额、财产损失赔偿限额以及被保险人在道路交通事故中无责任的赔偿限额。其中无责任的赔偿限额分为无责任死亡伤残赔偿限额、无责任医疗费用赔偿限额以及无责任财产损失赔偿限额。

第七条 交强险合同中的抢救费用是指被保险机动车发生交通事故导致受害人受伤时,医疗机构对生命特征不平稳和虽然生命体征平稳但如果不采取处理措施会产生生命危险,或者导致残疾、器官功能障碍,或者导致病程明显延长的受害人,参照国务院卫生主管部门组织制定的交通事故人员创伤临床诊疗指南和国家基本医疗保险标准,采取必要的处理措施所发生的医疗费用。

保　险　责　任

第八条 在中华人民共和国境内(不含港、澳、台地区),被保险人在使用被保险机动车过程中发生交通事故,致使受害人遭受人身伤亡或者财产损失,依法应当由被保险人承担的损害赔偿责任,保险人按照交强险合同的约定对每次事故在下列赔偿限额内负责赔偿:

(一)死亡伤残赔偿限额为180000元。

(二)医疗费用赔偿限额为18000元。

(三)财产损失赔偿限额为2000元。

(四)被保险人无责任时,无责任死亡伤残赔偿限额为18000元;无责任医疗费用赔偿限额为1800元;无责任财产损失赔偿限额为100元。

死亡伤残赔偿限额和无责任死亡伤残赔偿限额项下负责赔偿丧葬费、死亡补偿费、受害人亲属办理丧葬事宜支出的交通费用、残疾赔偿金、残疾辅助器具费、护理费、康复费、交通费、被扶养人生活费、住宿费、误工费,被保险人依照法院判决或者调解承担的精神损害抚慰金。

医疗费用赔偿限额和无责任医疗费用赔偿限额项下负责赔偿医药费、诊疗费、住院费、住院伙食补助费,必要的、合理的后续治疗费、整容费、营养费。

垫付与追偿

第九条　被保险机动车在本条(一)至(四)之一的情形下发生交通事故,造成受害人受伤需要抢救的,保险人在接到公安机关交通管理部门的书面通知和医疗机构出具的抢救费用清单后,按照国务院卫生主管部门组织制定的交通事故人员创伤临床诊疗指南和国家基本医疗保险标准进行核实。对于符合规定的抢救费用,保险人在医疗费用赔偿限额内垫付。被保险人在交通事故中无责任的,保险人在无责任医疗费用赔偿限额内垫付。对于其他损失和费用,保险人不负责垫付和赔偿。

(一)驾驶人未取得驾驶资格的。

(二)驾驶人醉酒的。

(三)被保险机动车被盗抢期间肇事的。

(四)被保险人故意制造交通事故的。

对于垫付的抢救费用,保险人有权向致害人追偿。

责任免除

第十条　下列损失和费用,交强险不负责赔偿和垫付:

(一)因受害人故意造成的交通事故的损失。

(二)被保险人所有的财产及被保险机动车上的财产遭受的损失。

(三)被保险机动车发生交通事故,致使受害人停业、停驶、停电、停水、停气、停产、通信或者网络中断、数据丢失、电压变化等造成的损失以及受害人财产因市场价格变动造成的贬值、修理后因价值降低造成的损失等其他各种间接损失。

(四)因交通事故产生的仲裁或者诉讼费用以及其他相关费用。

保险期间

第十一条　除国家法律、行政法规另有规定外,交强险合同的保险期间为一年,以保险单载明的起止时间为准。

投保人、被保险人义务

第十二条　投保人投保时,应当如实填写投保单,向保险人如实告知重要事项,并提供被保险机动车的行驶证和驾驶证复印件。重要事项包括机动车的种类、厂牌型号、识别代码、号牌号码、使用性质和机动车所有人或者管理人的姓名（名称）、性别、年龄、住所、身份证或者驾驶证号码（组织机构代码）、续保前机动车发生事故的情况以及银保监会规定的其他事项。

投保人未如实告知重要事项，对保险费计算有影响的，保险人按照保单年度重新核定保险费计收。

第十三条　签订交强险合同时，投保人不得在保险条款和保险费率之外，向保险人提出附加其他条件的要求。

第十四条　投保人续保的，应当提供被保险机动车上一年度交强险的保险单。

第十五条　在保险合同有效期内，被保险机动车因改装、加装、使用性质改变等导致危险程度增加的，被保险人应当及时通知保险人，并办理批改手续。否则，保险人按照保单年度重新核定保险费计收。

第十六条　被保险机动车发生交通事故，被保险人应当及时采取合理、必要的施救和保护措施，并在事故发生后及时通知保险人。

第十七条　发生保险事故后，被保险人应当积极协助保险人进行现场查勘和事故调查。

发生与保险赔偿有关的仲裁或者诉讼时，被保险人应当及时书面通知保险人。

赔偿处理

第十八条　被保险机动车发生交通事故的，由被保险人向保险人申请赔偿保险金。被保险人索赔时，应当向保险人提供以下材料：

（一）交强险的保险单。

（二）被保险人出具的索赔申请书。

（三）被保险人和受害人的有效身份证明、被保险机动车行驶证和驾驶人的驾驶证。

（四）公安机关交通管理部门出具的事故证明，或者人民法院等机构出具的有关法律文书及其他证明。

（五）被保险人根据有关法律法规规定选择自行协商方式处理交通事故的，应当提供依照《交通事故处理程序规定》规定的记录交通事故情况的协议书。

（六）受害人财产损失程度证明、人身伤残程度证明、相关医疗证明以及有关损失清单和费用单据。

（七）其他与确认保险事故的性质、原因、损失程度等有关的证明和资料。

第十九条　保险事故发生后，保险人按照国家有关法律法规规定的赔偿范围、项目和标准以及交强险合同的约定，并根据国务院卫生主管部门组织制定的交通事故人员创伤临床诊疗指南和国家基本医疗保险标准，在交强险的责任限额内核定人身伤亡的赔偿金额。

第二十条　因保险事故造成受害人人身伤亡的,未经保险人书面同意,被保险人自行承诺或支付的赔偿金额,保险人在交强险的责任限额内有权重新核定。

因保险事故损坏的受害人财产需要修理的,被保险人应当在修理前会同保险人检验,协商确定修理或者更换项目、方式和费用。否则,保险人在交强险责任限额内有权重新核定。

第二十一条　被保险机动车发生涉及受害人受伤的交通事故,因抢救受害人需要保险人支付抢救费用的,保险人在接到公安机关交通管理部门的书面通知和医疗机构出具的抢救费用清单后,按照国务院卫生主管部门组织制定的交通事故人员创伤临床诊疗指南和国家基本医疗保险标准进行核实。对于符合规定的抢救费用,保险人在医疗费用赔偿限额内支付。被保险人在交通事故中无责任的,保险人在无责任医疗费用赔偿限额内支付。

合同变更与终止

第二十二条　在交强险合同有效期内,被保险机动车所有权发生转移的,投保人应当及时通知保险人,并办理交强险合同变更手续。

第二十三条　在下列三种情况下,投保人可以要求解除交强险合同:

(一)被保险机动车被依法注销登记的。

(二)被保险机动车办理停驶的。

(三)被保险机动车经公安机关证实丢失的。

交强险合同解除后,投保人应当及时将保险单、保险标志交还保险人;无法交回保险标志的,应当向保险人说明情况,征得保险人同意。

第二十四条　发生《机动车交通事故责任强制保险条例》所列明的投保人、保险人解除交强险合同的情况时,保险人按照日费率收取自保险责任开始之日起至合同解除之日止期间的保险费。

附　则

第二十五条　因履行交强险合同发生争议的,由合同当事人协商解决。

协商不成的,提交保险单载明的仲裁委员会仲裁。保险单未载明仲裁机构或者争议发生后未达成仲裁协议的,可以向人民法院起诉。

第二十六条　交强险合同争议处理适用中华人民共和国法律。

第二十七条　本条款未尽事宜,按照《机动车交通事故责任强制保险条例》执行。

第三章
机动车商业保险

本章描述

　　本章主要介绍机动车损失保险的保险条款,对机动车第三者责任保险的保险条款进行解释,结合案例全面讲述了机动车附加险中车上人员责任保险、新增加设备损失险、车身划痕损失险的保险条款。

知识目标

　　1.掌握机动车损失保险的保险条款;

　　2.掌握机动车第三者责任保险的保险条款;

　　3.掌握机动车附加险中车上人员责任保险、新增加设备损失险、车身划痕损失险的保险条款。

技能目标

　　1.能运用保险条款解决机动车损失保险、机动车第三者责任保险、机动车附加险中常见的问题;

　　2.能判断涉及机动车损失保险、机动车第三者责任保险、机动车附加险案件的赔付与否;

　　3.能为客户详细明了地解读机动车商业保险的各种条款。

素养目标

　　1.培养学生良好的语言表达能力;

　　2.增强对本专业学习的兴趣。

建议学时

　　24学时。

第一节　机动车损失保险

背景资料：

开车不到半年的李先生说他曾有过一次惊险的爆胎经历。事发时，他正开着车在高速公路上行驶，车速不算太快，突然右后轮胎发生爆胎，他立即紧握转向盘，慢慢地等车减速靠边停（图3-1），幸好后面没车紧跟，才没酿成大祸。不过他后来找保险公司理赔时，保险公司却认为这种单一的轮胎爆炸，不在机动车损失保险条款赔付范围之内。

图 3-1　高速公路上的爆胎

一　机动车损失保险的使用性质

机动车损失保险简称"车损险"，属于汽车主险中的一种。

做一做

目前，我国汽车保险产品的分类主要分为主险和附加险。

汽车保险中的主险主要包括以下三种：

（1）_____，简称：交强险。

（2）机动车损失保险，简称：车损险。

（3）_____，简称：三者险。

机动车损失保险的使用性质主要包括家庭自用汽车损失保险、非营业用汽车损失保险和营业用汽车损失保险三种。

1 家庭自用汽车损失保险

家庭自用汽车损失保险的保险标的是指在中华人民共和国境内(不含港、澳、台地区)行驶的家庭或个人所有,且用途为非营业性运输,核定座位在9座以下的客车。

2 非营业用汽车损失保险

非营业用汽车损失保险的保险标的是指在中华人民共和国境内(不含港、澳、台地区)行驶的党政机关、企事业单位、社会团体、使领馆等机构从事公务(图3-2)或在生产经营活动中不以直接或间接方式收取运费或租金的自用汽车,包括客车、货车、客货两用车。

3 营业用汽车损失保险

营业用汽车损失保险的保险标的是指在中华人民共和国境内(不含港、澳、台地区)行驶的,用于客、货运输或租赁,并以直接或间接方式收取运费或租金的汽车(图3-3)。

图3-2 党政机关公务车

图3-3 营业用货车

本节主要针对家庭自用汽车损失保险加以讲述,对于非营业用汽车损失保险和营业用汽车损失保险不再详细讲述。

做一做

出租车(图3-4)是属于(　　　)汽车。

A. 家庭自用

B. 非营业用

C. 营业用

图 3-4 出租车

二 保险责任

被保险人或其允许的合格驾驶人在使用保险车辆过程中,因下列原因造成被保险机动车的损失,保险人依照保险合同的约定负责赔偿。

1 碰撞

碰撞是指保险车辆与外界静止的或运动中的物体的意外撞击(图 3-5),包括两种情况:一是保险车辆与外界物体的意外撞击造成的本车损失;二是保险车辆按《中华人民共和国道路交通管理条例》关于车辆装载的规定载运货物(车辆装载货物与装载规定不符,须报请公安交通管理部门批准,按指定时间、路线、时速行驶),车与货即视为一体,所装货物与外界物体的意外撞击造成的本车损失。

2 倾覆

倾覆是指保险车辆由于自然灾害或意外事故,造成本车翻倒,车体触地,使其失去正常状态和行驶能力,不经施救不能恢复行驶(图 3-6)。

图 3-5 碰撞

图 3-6 倾覆

3 火灾

火灾是指在时间或空间上失去控制的燃烧所造成的灾害。这里指外界火源以及其他保险事故造成的火灾导致保险车辆的损失（图3-7）。

4 爆炸

这里的爆炸仅指化学性爆炸，即物体在瞬间分解或燃烧时放出大量的热和气体，并以很大的压力向四周扩散，形成破坏力现象。发动机因其内部原因发生爆炸、轮胎爆炸等，不属本保险责任。

5 外界物体倒塌

外界物体倒塌是指保险车辆自身以外由物质构成并占有一定空间的个体倒下或陷下，造成保险车辆损失。如：地上或地下建筑物坍塌、树木倾倒，致使保险车辆受损，都属本保险"外界物体倒塌"责任（图3-8）。

图3-7 火灾

图3-8 佛山九江大桥事故中4车坠江损毁

6 空中运行物体坠落

陨石或飞行器等空中掉落物体所致保险车辆受损，属本保险的"空中运行物体坠落"责任。吊车的吊物脱落以及吊钩或吊臂的断落等，造成保险车辆的损失，也视为本保险责任。但吊车本身在操作时由于吊钩、吊臂上下起落砸坏保险车辆的损失，不属本保险责任。

7 暴风、龙卷风

通常，只要风力速度达17.2m/s（相当于8级大风），造成保险车辆的损失，即构成本保险责任。

8 雷击、雹灾、暴雨、洪水、海啸（表 3-1）

雷击、雹灾、暴雨、洪水、海啸　　　　　　　　　表 3-1

描　述	现　象
雷击：由雷电造成的灾害。 由于雷电直接击中保险车辆或通过其他物体引起保险车辆的损失，均属本保险责任	
雹灾：由于冰雹降落造成的灾害	
暴雨：每小时降雨量达 16mm 以上，或连续 12h 降雨量达 30mm 以上，或连续 24h 降雨量达 50mm 以上	
洪水：凡江河泛滥、山洪暴发、潮水上岸及倒灌，致使保险车辆遭受泡损、淹没的损失，都属于本保险的"洪水"责任	
海啸：海啸是由于地震或风暴而造成的海面巨大涨落现象，按成因分为地震海啸和风暴海啸两种。由于海啸以致海水上岸泡损、淹没、冲失保险车辆都属本保险的"海啸"责任	

9 地陷、冰陷、崖崩、雪崩、泥石流、滑坡(表3-2)

地陷、泥石流、滑坡   表3-2

描　　述	现　　象
地陷:地表突然下陷造成保险车辆的损失,属本保险的"地陷"责任	
泥石流:山地突然爆发饱含大量泥水、石块的洪流	
滑坡:斜坡上不稳的岩体或土体在重力作用下突然整体向下滑动	

10 载运保险车辆的渡船遭受自然灾害(只限于有驾驶人随车照料,图3-9)

　　保险车辆在行驶途中过渡,驾驶人把车辆开上渡船,并随车照料到对岸,这期间因遭受自然灾害,致使保险车辆本身发生损失,保险人予以赔偿。

图3-9　载运保险车辆的渡船

做一做

2019 年 8 月 6 日上午，珠海香洲区吉大某小区住户彭先生将私家车停放于小区停车位内，当日上午约 11 时 55 分，彭先生收到物业公司通知，小区值班保安巡查时发现，彭先生的车被一只从高空坠落的小狗砸中受损（图 3-10）。

彭先生到现场后立即报警处理。经调查，坠楼小狗系居住在坠落现场上方 21 楼的住户林某和何某所饲养。由于林某和何某对饲养的宠物狗疏于管理，使宠物狗从高空坠落砸坏彭先生的小车，造成小车车顶受损（图 3-11），修复共需维修费 1150元。请问：该起事故是否属于机动车损失保险的赔偿范围？

图 3-10　小狗高空坠落砸中车

图 3-11　车顶受损

你的答案：＿＿＿＿＿＿＿＿＿＿＿＿＿＿＿＿＿＿＿＿＿＿＿＿＿＿＿＿＿。

依据：＿＿＿。

三　全车盗抢险

2020 年 9 月全国实施的车险综合改革，将全车盗抢险（附加险）并入了车损险（主险）的赔偿范围（图 3-12）。下面我们单独介绍一下全车盗抢险的相关规定。

1 保险责任

（1）被保险机动车被盗窃、抢劫、抢夺，经出险当地县级以上公安刑侦部门立案证明，满 60 天未查明下落的全车损失（图 3-13）。

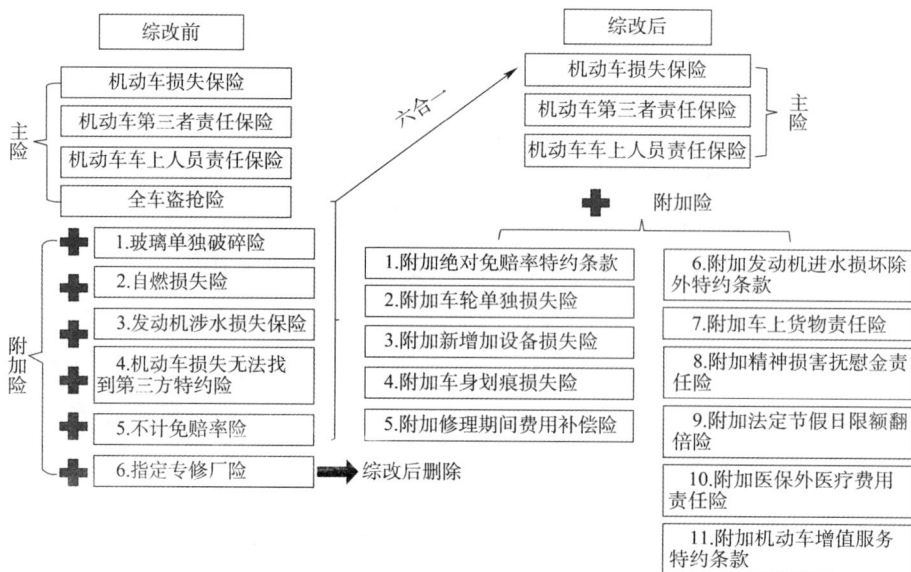

图 3-12　2020 年车险综合改革

（2）被保险机动车全车被盗窃、抢劫、抢夺后，受到损坏或车上零部件、附属设备丢失需要修复的合理费用。

（3）被保险机动车在被抢劫、抢夺过程中，受到损坏需要修复的合理费用。

2 责任免除

（1）非全车遭盗窃，仅车上零部件或附属设备被盗窃或损坏（图 3-14）。

图 3-13　公安机关打击盗抢汽车犯罪活动

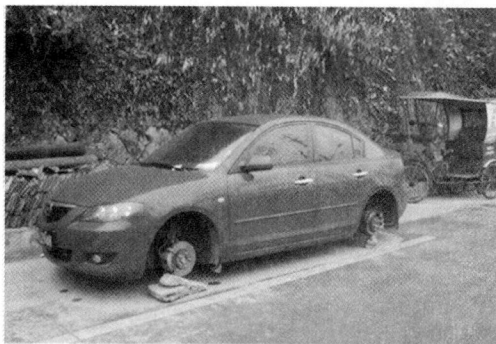

图 3-14　汽车轮胎被盗

（2）被保险机动车被诈骗、收缴、没收、扣押造成的损失。

（3）被保险人因民事、经济纠纷而导致被保险机动车被抢劫、抢夺。

（4）租赁机动车与承租人同时失踪。

（5）全车被盗窃、抢劫、抢夺期间，被保险机动车造成第三者人身伤亡或财产损失。

（6）被保险人及其家庭成员、被保险人允许的驾驶人的故意行为或违法行为造成的损失。

（7）被保险人索赔时，未能提供机动车停驶手续或出险当地县级以上公安刑侦部门出具的盗抢立案证明（图3-15）。

3 保险金额

保险金额由投保人和保险人在投保时被保险机动车的实际价值内协商确定。

实际价值 = 新车购置价 − 折旧金额

图 3-15 车辆被盗及时报案

4 赔偿处理

（1）被保险人知道被保险机动车被盗窃、抢劫、抢夺后，应在24h内向出险当地公安刑侦部门报案，并通知保险人。

（2）被保险人索赔时，须提供以下材料：

①保险单；

②《机动车行驶证》；

③《机动车登记证书》；

④机动车来历凭证；

⑤车辆购置税完税证明（车辆购置附加费缴费证明）或免税证明；

⑥机动车停驶手续；

⑦出险当地县级以上公安刑侦部门出具的盗抢立案证明。

（3）全车损失，在保险金额内计算赔偿，并实行20%的免赔率。被保险人未能提供《机动车行驶证》《机动车登记证书》、机动车来历凭证、车辆购置税完税证明（车辆购置附加费缴费证明）或免税证明的，每缺少一项，增加1%的免赔率。部分损失，在保险金额内按实际修复费用计算赔偿。

（4）保险人确认索赔单齐全、有效后，被保险人签具权益转让书，保险人赔付结案。

（5）被保险机动车全车被盗窃、抢劫、抢夺后被找回的：保险人尚未支付赔款的，被保险机动车应归还被保险人。保险人已支付赔款的，被保险机动车应归还被保险人，被保险人应将赔款返还给保险人；被保险人不同意收回被保险机动车，被保险机动车的所有权归保险人，被保险人应协助保险人办理有关手续。

做一做

谢先生的丰田凯美瑞轿车于2019年3月10日被盗,谢先生马上报警并通知保险公司(图3-16)。5月12日,该车经过60天仍未找回,保险公司按照合同规定赔付给谢先生共8万元整。赔付后的一个星期,在5月19日,警方找到的谢先生的被盗车,于是保险公司要求谢先生去领回车辆,并退还赔款。谢先生向保险公司提出,自己不要车,只要赔款。你认为谢先生的要求合理吗,为什么?

我的车被盗了!

图3-16 报警

你的答案:_____

_____

_____

四 合理的施救费用

在发生保险事故时,对于被保险人为防止或者减少被保险机动车的损失所支付的必要的、合理的施救费用,也由保险人承担,但最高不超过保险金额的数额。

施救措施是指发生保险责任范围内的灾害或事故时,为减少和避免保险车辆的损失所实行的抢救行为。

保护措施是指保险责任范围内的自然灾害或事故发生以后,为防止保险车辆损失扩大和加重的行为。例如:保险车辆受损后不能行驶,雇人在事故现场看守的合理费用,有当地有关部门出具证明的可以赔偿。

合理费用是指保护、施救行为支出的费用是直接的、必要的,并符合国家有关政策规定。

在处理上要遵循以下几点原则:

(1)被保险人使用他人非专业消防单位的消防设备,施救保险车辆所消耗的费用及设备损失可以赔偿。

(2)保险车辆出险后,被保险人雇用吊车及其他车辆进行抢救的费用(图3-17),以及将出险车辆拖运到修理厂的运输费用,按当地物价部门核准的收费标准予以负责。

图 3-17　雇用吊车

（3）在抢救过程中，因抢救而损坏他人的财产，如果应由被保险人承担赔偿的，可酌情予以赔偿。但在抢救时，抢救人员个人物品的丢失，不予赔偿。

（4）抢救车辆在拖运受损保险车辆途中发生意外事故造成的损失和费用支出，如果该抢救车辆是被保险人自己或他人义务派来抢救的，应予赔偿；如果该抢救车辆是受雇的，则不予赔偿。

（5）保险车辆出险后，被保险人奔赴肇事现场处理所支出的费用，不予负责。

（6）保险人只对保险车辆的救护费用负责。保险车辆发生保险事故后，受损保险车辆与其所装货物（或其拖带的未保险挂车）同时被施救，其救货（或救护未保险挂车）的费用应予剔除。如果它们之间的施救费用分不清楚，则应按保险车辆与货物（或未保险挂车）的实际价值进行比例分摊赔偿。

（7）保险车辆为进口车或特种车，发生保险责任范围内的事故后，当地确实不能修理，经保险人同意去外地修理的移送费，可予负责。护送车辆者的工资和差旅费，不予负责。

（8）施救、保护费用与修理费用应分别理算。但施救前，如果施救、保护费用与修理费用相加，估计已达到或超过保险金额时，则可推定全损予以赔偿，但保险人不接受权益转让。

（9）保险车辆发生保险事故后，对其停车费、保管费、扣车费及各种罚款，保险人不予负责。

做一做

一辆汽车起火了（图 3-18），车主奋力去救火希望减少损失。

图3-18　烧毁的汽车

在救火的过程中,车主使用了一个车载灭火器(图3-19),并且在救火过程中不小心把手机也烧毁了(图3-20),请问车载灭火器和手机是否属于合理的施救费用?是否会获得保险公司的赔偿?

图3-19　车载灭火器

图3-20　烧毁的手机

你的答案:_____

_____

_____○

五 责任免除

以下情况,不论任何原因造成被保险机动车损失,保险人均不负责赔偿。

(1)战争、军事冲突、恐怖活动、暴乱、扣押、收缴、没收、政府征用。

(2)竞赛、测试,在营业性维修、养护场所修理、养护期间(图3-21)。

(3)利用被保险机动车从事违法活动(图3-22)。

(4)驾驶人饮酒、吸食或注射毒品、被药物麻醉后使用被保险机动车(图3-23)。

(5)事故发生后,被保险人或其允许的驾驶人在未依法采取措施的情况下驾驶被保险机动车或者遗弃被保险机动车逃离事故现场,或故意破坏、伪造现场、毁灭证据(图3-24)。

图3-21　汽车竞赛

图3-22　利用被保险机动车从事违法活动

图3-23　酒后驾驶

图3-24　伪造现场

(6)驾驶人有下列情形之一者:

①无驾驶证或驾驶证有效期已届满;

②驾驶的被保险机动车与驾驶证载明的准驾车型不符;

③持未按规定审验的驾驶证,以及在暂扣、扣留、吊销、注销驾驶证期间驾驶被保险机动车;

④依照法律法规或公安机关交通管理部门有关规定不允许驾驶被保险机动车的其他情况下驾车。

(7)非被保险人允许的驾驶人使用被保险机动车。

(8)被保险机动车转让他人,未向保险人办理批改手续。

(9)除另有约定外,发生保险事故时被保险机动车无公安机关交通管理部门核发的行驶证和号牌,或未按规定检验或检验不合格。

做一做

莫某驾驶着一辆大货车在高速公路上行驶时发生翻车事故,导致大货车严重受损(图3-25)。保险公司的工作人员到达现场查勘定损时要求莫某出示驾驶证,发现其驾驶证的准驾车型为C1(图2-26)。请问本起事故保险公司是否需要做出赔偿,为什么?

图3-25 翻车事故现场

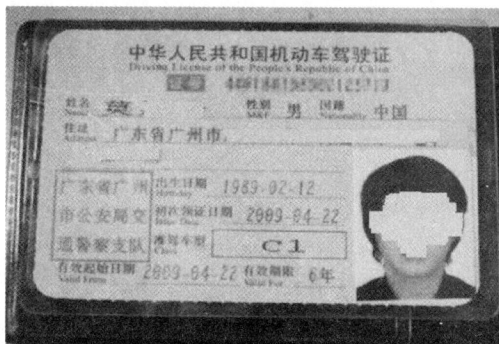

图3-26 莫某的驾驶证

你的答案:_____

_____

被保险机动车由于以下原因造成的损失和费用,保险人不负责赔偿:

(1)自然磨损、朽蚀、腐蚀、故障;

(2)车轮单独损坏(图3-27);

图3-27 车轮单独损坏

(3)无明显碰撞痕迹的车身划痕;

(4)人工直接供油、高温烘烤造成的损失;

（5）遭受保险责任范围内的损失后,未经必要修理继续使用被保险机动车,致使损失扩大的部分；

（6）因污染（含放射性污染）造成的损失（图3-28）；

（7）市场价格变动造成的贬值、修理后价值降低引起的损失；

（8）标准配置以外新增设备的损失（图3-29）；

图3-28 污染造成损失

图3-29 被保险人加贴车身拉花

（9）被保险机动车所载货物坠落、倒塌、撞击、泄漏造成的损失（图3-30）；

（10）被保险人或驾驶人的故意行为造成的损失（图3-31）；

图3-30 货物坠落

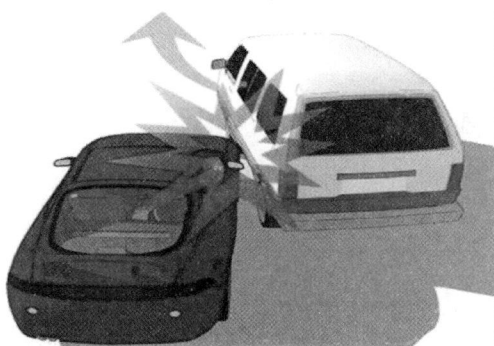
图3-31 故意撞车

（11）应当由机动车交通事故责任强制保险赔偿的金额。

六 保险金额的确定

保险金额按投保时被保险机动车的实际价值确定。

实际价值是指新车购置价减去折旧金额后的价格。被保险机动车的折旧按月折旧率0.6%计算,不足一个月的部分,不计折旧。

折旧金额 = 投保时的新车购置价 × 被保险机动车已使用月数 × 0.6%(月折旧率)

最高折旧金额不超过投保时被保险机动车新车购置价的80%。

做一做

陈女士的日产天籁轿车(图3-32)是在2019年3月28号购买的,新车购置价是21.68万,请问刘女士今天去购买汽车保险,该车的实际价值是多少钱?

图3-32　日产天籁

你的答案:_____。

七 保险人及被保险人的义务

1 保险人的义务

保险人在承保时,应向投保人说明投保险种的保险责任、责任免除、保险期间、保险费及支付办法、投保人和被保险人义务等内容。

2 投保人、被保险人的义务

(1)投保时如实告知义务;

(2)缴纳保险费用;

(3)发生事故及时通知并协助保险公司查勘定损;

(4)上交相关的索赔资料;

(5)协助保险公司向第三方责任人追讨。

八　赔偿处理

（1）被保险人索赔时,应提供的基本资料有:保险单、损失清单、有关费用单据、被保险机动车行驶证和发生事故时驾驶人的驾驶证。

（2）被保险人或被保险机动车驾驶人根据有关法律规定选择自行协商或由公安机关交通管理部门处理事故未确定事故责任比例的,按照下列规定确定事故责任比例:

①被保险机动车方负主要责任的,事故责任比例为70%;

②被保险机动车方负同等责任的,事故责任比例为50%;

③被保险机动车方负次要责任的,事故责任比例为30%。

（3）全损:汽车发生事故后已不能修复,或者修复费用高于车辆的实际价值时,可以推定为全损(图3-33)。

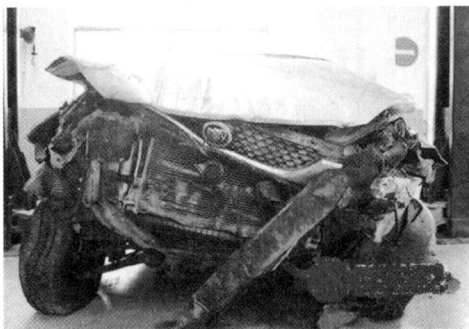
图3-33　全损

第二节　机动车第三者责任保险

背景资料:

吕某是一个刚拿到驾驶证不久的新手,为了熟悉车技,他向朋友借了一辆车,练车不小心在自家院门口把弟弟给撞伤了(图3-34)。该车的车主称,该车买了机动车第三者责任保险,建议吕某报案,让保险公司来处理,应该至少也可以获得医药费赔偿。但保险公司告知,机动车第三者责任保险不赔,此情况只能在交强险范围内赔偿。对此,吕某感觉很困惑:为何买了机动车第三者责任保险,却得不到赔偿?

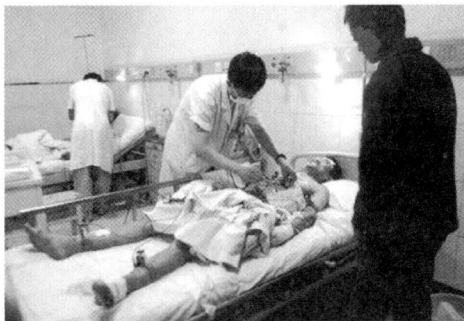
图3-34　事故中受伤的驾驶人弟弟

一　保险责任

被保险人或其允许的合法驾驶人在使用被保险机动车过程中发生意外事故,致使第三者遭受人身伤亡或财产直接损毁,依法应当由被保险人承担的损害赔偿责任,保险人依照保险合同的约定,对超过机动车交通事故责任强制保险各分项赔偿限额以上的部分负责赔偿。

1 意外事故

这里指不是行为人出于故意,而是行为人不可预见的,以及不可抗拒的并造成人员伤亡或财产损失的突发事件。汽车使用中发生的意外事故分为道路交通事故和非道路事故。道路包括公路、城市街道和胡同(里巷)以及公共广场、公共停车场等供汽车、行人通行的地方。凡在道路上发生的交通事故均属于道路交通事故。道路交通事故是指汽车驾驶人、行人、乘车人及其他在道路上进行与交通有关活动的人员,因违反《中华人民共和国道路交通管理条例》和其他道路交通管理法规、规章的行为、过失造成人身伤亡或财产损失的事故。

2 第三者

在保险合同中,保险人是第一方,也叫第一者;被保险人或使用保险车辆的致害人是第二方,也叫第二者;除保险人与被保险人之外的,因保险车辆的意外事故致使保险车辆下的人员或财产遭受损害的,在车下的受害人是第三方,也叫第三者。

同一被保险人的汽车之间发生意外事故,相对方均不构成第三者。

二、责任免除

(1)被保险机动车造成下列人身伤亡或财产损失,不论在法律上是否应当由被保险人承担赔偿责任,保险人均不负责赔偿:

①被保险人及其家庭成员的人身伤亡、所有或代管的财产的损失。
②被保险机动车本车驾驶人及其家庭成员的人身伤亡、所有或代管的财产的损失。
③被保险机动车本车上其他人员的人身伤亡或财产损失。

做一做

陆某驾驶着自己的小货车送货时发生交通事故,导致右腿骨折(图3-35),一共花费医疗费用8000元,他的小货车投保的机动车第三者责任保险,保险金额为20万元。请问陆某的医疗费用能否在机动车第三者责任保险的责任范围内获得保险公司赔偿,为什么?

图 3-35　事故中受伤的陆某

你的答案：_____

_____

_____。

（2）下列情况下，不论任何原因造成的对第三者的损害赔偿责任，保险人均不负责赔偿：

①战争、军事冲突、恐怖活动、暴乱、扣押、收缴、没收、政府征用。

②竞赛、测试、教练、在营业性维修、养护场所修理、养护期间。

③利用被保险机动车从事违法活动。

④驾驶人饮酒、吸食或注射毒品、被药物麻醉后使用被保险机动车。

⑤事故发生后，被保险人或其允许的驾驶人在未依法采取措施的情况下驾驶被保险机动车或者遗弃被保险机动车逃离事故现场，或故意破坏、伪造现场、毁灭证据。

⑥驾驶人有下列情形之一者：

a. 无驾驶证或驾驶证有效期已届满；

b. 驾驶的被保险机动车与驾驶证载明的准驾车型不符；

c. 实习期内驾驶公共汽车、营运客车或者载有爆炸物品、易燃易爆化学物品、剧毒或者放射性等危险物品的被保险机动车，实习期内驾驶的被保险机动车牵引挂车；

d. 持未按规定审验的驾驶证，以及在暂扣、扣留、吊销、注销驾驶证期间驾驶被保险机动车；

e. 使用各种专用机械车、特种车的人员无国家有关部门核发的有效操作证，驾驶营业性客车的驾驶人无国家有关部门核发的有效资格证书；

f. 依照法律法规或公安机关交通管理部门有关规定不允许驾驶被保险机动车的其他情况下驾车。

⑦非被保险人允许的驾驶人使用被保险机动车。

⑧被保险机动车转让他人,未向保险人办理批改手续。

⑨除另有约定外,发生保险事故时被保险机动车无公安机关交通管理部门核发的行驶证和号牌,或未按规定检验或检验不合格。

⑩被保险机动车拖带未投保机动车交通事故责任强制保险的机动车(含挂车)或被未投保机动车交通事故责任强制保险的其他机动车拖带(图3-36)。

(3)以下损失和费用,保险人不负责赔偿:

①被保险机动车发生交通事故,致使第三者停业、停驶、停电、停水、停气、停产、通信或者网络中断、数据丢失、电压变化等造成的损失以及其他各种间接损失(图3-37);

图3-36 拖带其他机动车

图3-37 交通事故导致间接损失

图3-38 被保险机动车被盗窃、抢劫、抢夺倒卖牟利

②精神损害赔偿;

③因污染(含放射性污染)造成的损失;

④第三者财产因市场价格变动造成的贬值、修理后价值降低引起的损失;

⑤被保险机动车被盗窃、抢劫、抢夺期间造成第三者人身伤亡或财产损失(图3-38);

⑥被保险人或驾驶人的故意行为造成的损失;

⑦仲裁或者诉讼费用以及其他相关费用;

⑧应当由机动车交通事故责任强制保险赔偿的损失和费用,保险人不负责赔偿;

⑨保险事故发生时,被保险机动车未投保交强险或交强险合同已经失效的,对于交强险各分项赔偿限额以内的损失和费用,保险人不负责赔偿。

三　相关解释

（1）被保险人所有或代管的财产：被保险人自有的财产，或与他人共有财产的自有部分，或代替他人保管的财产。

对于有些规模较大的投保单位，"自有的财产"可以掌握在其所属各自独立核算单位的财产范围内。例如，某运输公司下属甲、乙两个车队，它们各自独立核算，由运输公司统一投保第三者责任险后，甲队车辆撞坏甲队的财产不予负责，撞坏乙队的财产可予以负责。

（2）私有、个人承包车辆的被保险人及其家庭成员，以及他们所有或代管的财产：

①私有、个人承包车辆的被保险人家庭成员，可根据其是否属独立经济户来区分。例如，父母兄弟多人，各自另立户口分居，家庭成员指每户中的成员，而不能单纯按是否直系亲属来划分（图3-39）。夫妻分居两地，虽有两个"户口"，因两者经济上并不独立，实际上是合一的，所以只能视为一人户口。本条必须掌握这样一个原则：肇事者本身不能获得赔款，即保险人付给受害方的赔款，最终不能落到被保险人手中。

②私有、个人承包车辆的被保险人及其

图3-39　是否家庭成员看户口簿

家庭成员所有或代管的财产：指私有、个人承包车辆的被保险人及其家庭成员自有的财产，或与他人共有财产的自有部分，或他们代替他人保管的财产。

③私有车辆：车辆所有权属于私人的车辆。如：个人、联户和私营企业等的车辆。

④个人承包车辆：以个人名义承包单位、他人的车辆。

（3）本车上的一切人员和财产：意外事故发生时，本保险车辆上的一切人员和财产。这里包括车辆行驶中或车辆未停稳时非正常下车的人员，以及吊车正在吊装的财产。

（4）车辆所载货物掉落、泄漏造成的人身伤亡和财产损毁。

车辆所载货物掉落指保险车辆装载的货物，从车上掉下砸伤他人或砸坏他人财产。车辆所载货物泄漏指保险车辆装载液体、气体的容器破裂、阀门失灵，由此产生的泄漏造成腐蚀、污染、人畜中毒、植物枯萎以及其他财物的损失。

（5）第三者责任险的责任限额为 10 万～1000 万,每 10 万为一个投保档次。

四 保险人及被保险人的义务

1 保险人的义务

（1）保险人在承保时,应向投保人说明投保险种的保险责任、责任免除、保险期间、保险费及支付办法、投保人和被保险人义务等内容。

（2）保险人应及时受理被保险人的事故报案,并尽快进行查勘。

保险人接到报案后 48h 内未进行查勘且未给予受理意见,造成财产损失无法确定的,以被保险人提供的财产损毁照片、损失清单、事故证明和修理发票作为赔偿理算依据。

（3）保险人收到被保险人的索赔请求后,应当及时核定。

①保险人应根据事故性质、损失情况,及时向被保险人提供索赔须知。审核索赔材料后认为有关证明和资料不完整的,应及时通知被保险人补充提供有关的证明资料;

②在被保险人提供了各种必要单证后,保险人应当迅速审查核定,并将核定结果及时通知被保险人;

③对属于保险责任的,保险人应在与被保险人达成赔偿协议后 10 日内支付赔款。

（4）保险人对在办理保险业务中知道的投保人、被保险人的业务和财产情况及个人隐私,负有保密的义务。

2 投保人、被保险人义务

（1）投保人应如实填写投保单并回答保险人提出的询问,履行如实告知义务,并提供被保险机动车行驶证复印件、机动车登记证书复印件,如指定驾驶人的,应当同时提供被指定驾驶人的驾驶证复印件。

在保险期间内,被保险机动车改装、加装或者保险家庭自用汽车、非营业用汽车从事营业运输等,导致被保险机动车危险程度增加的,被保险人应当及时书面通知保险人。否则,因被保险机动车危险程度增加而发生的保险事故,保险人不承担赔偿责任。

（2）除另有约定外,投保人应当在保险合同成立时交清保险费。保险费交清前发生的保险事故,保险人不承担赔偿责任。

（3）发生保险事故时,被保险人应当及时采取合理、必要的施救和保护措施,防止或者减少损失,并在保险事故发生后48h内通知保险人。否则,造成损失无法确定或扩大的部分,保险人不承担赔偿责任。

（4）发生保险事故后,被保险人应当积极协助保险人进行现场查勘。被保险人在索赔时应当提供有关证明和资料。引起与保险赔偿有关的仲裁或者诉讼时,被保险人应当及时书面通知保险人。

五 赔偿处理

（1）被保险人索赔时,应当向保险人提供与确认保险事故的性质、原因、损失程度等有关的证明和资料。

被保险人应当提供保险单、损失清单、有关费用单据、被保险机动车行驶证和发生事故时驾驶人的驾驶证。

属于道路交通事故的,被保险人应当提供公安机关交通管理部门或法院等机构出具的事故证明、有关的法律文书（判决书、调解书、裁定书、裁决书等）及其他证明（图3-40）。

属于非道路交通事故的,应提供有关的事故证明。

图3-40　民事判决书

（2）因保险事故损坏的第三者财产,应当尽量修复。修理前被保险人应当会同保险人检验,协商确定修理项目、方式和费用。否则,保险人有权重新核定或拒绝赔偿。

（3）保险人依据被保险机动车驾驶人在事故中所负的事故责任比例,承担相应的赔偿责任。

被保险人或被保险机动车驾驶人根据有关法律、法规的规定选择自行协商,或者公安机关交通管理部门未确定交通事故责任比例的,保险人按照下列规定确定事故责任比例：

被保险机动车方负主要事故责任的,事故责任比例为70%；

被保险机动车方负同等事故责任的,事故责任比例为50%；

被保险机动车方负次要事故责任的,事故责任比例为30%。

第三节　机动车附加险

背景资料：

某名牌越野车的车主小林花了几千元,在车顶加装了行李架等设备(图3-41)。一次朋友借车驾驶的过程中,行李架因车身的侧翻而损坏。但由于小林当时没有额外买加装设备的保险,因此被保险公司拒赔。

一　车上人员责任保险

2020年9月全国实施车险综合改革后,车上人员责任保险可作为商业保险的主险单独购买。

1　保险责任

保险期间内,被保险机动车发生意外事故造成车上人员的人身伤亡,依法应当由被保险人承担的损害赔偿责任,保险人依照保险合同的约定负责赔偿。

2　责任免除

(1)被保险机动车造成下列人身伤亡,不论在法律上是否应当由被保险人承担赔偿责任,保险人均不负责赔偿：

①被保险人或者驾驶人的故意行为造成的人身伤亡;

②被保险人及驾驶人以外的其他车上人员的故意、重大过失行为造成的自身伤亡;

③违法、违章搭乘人员的人身伤亡(图3-42);

图3-41　加装行李架

图3-42　超载

④车上人员因残疾、分娩、自残、斗殴、自杀、犯罪行为造成的自身伤亡;

⑤车上人员在被保险机动车车下时遭受的人身伤亡。

（2）下列情况下，不论任何原因造成的对车上人员的损害赔偿责任，保险人均不负责赔偿：

①战争、军事冲突、恐怖活动、暴乱、扣押、收缴、没收、政府征用。

②竞赛、测试、教练、在营业性维修、养护场所修理、养护期间。

③利用被保险机动车从事违法活动。

④驾驶人饮酒、吸食或注射毒品、被药物麻醉后使用被保险机动车。

⑤事故发生后，被保险人或其允许的驾驶人在未依法采取措施的情况下驾驶被保险机动车或者遗弃被保险机动车离开事故现场，或故意破坏、伪造现场、毁灭证据。

⑥驾驶人有下列情形之一者：

a. 无驾驶证或驾驶证有效期已届满；

b. 驾驶的被保险机动车与驾驶证载明的准驾车型不符；

c. 实习期内驾驶公共汽车、营运客车或者载有爆炸品、易燃易爆化学物品、剧毒或者放射性等危险物品的被保险机动车，实习期内驾驶的被保险机动车牵引挂车；

d. 持未按规定审验的驾驶证，以及在暂扣、扣留、吊销、注销驾驶证期间驾驶被保险机动车；

e. 使用各种专用机械车、特种车的人员无国家有关部门核发的有效操作证，驾驶营业性客车的驾驶人，无国家有关部门核发的有效资格证书；

f. 依照法律法规或公安机关交通管理部门有关规定，不允许驾驶被保险机动车的其他情况下驾车。

⑦非被保险人允许的驾驶人使用被保险机动车。

⑧被保险机动车转让他人，未向保险人办理批改手续。

⑨除另有约定外，发生保险事故时，被保险机动车无公安机关交通管理部门核发的行驶证和号牌，或未按规定检验或检验不合格。

（3）下列损失和费用，保险人不负责赔偿：

①精神损害赔偿。

②因污染（含放射性污染）造成的人身伤亡。

③仲裁或者诉讼费用以及其他相关费用。

④应当由机动车交通事故责任强制保险赔偿的损失和费用。

做一做

老陆为自己的载货汽车购买了车上人员责任保险，一次运货途中，载货汽车在

图 3-43 载货汽车的备胎

高速公路上突然爆胎,老陆把车停到路肩并下车更换轮胎。在更换轮胎的过程中,老陆的右手手掌被 50 多 kg 的备胎(图 3-43)砸中,导致右手手掌粉碎性骨折。请问:老陆右手的医疗费用能否在车上人员责任险的范围内给予赔偿,为什么?

你的答案:_____

_____

_____。

3 责任限额

车上人员每次事故的每人限额和投保座位数,由投保人和保险人在投保时协商确定。投保座位数以被保险机动车的核定载客数为限。

一般保险公司对于车上人员责任险每个座位的赔偿限额设定为 1 万元、2 万元、5 万元等。

某知名汽车保险公司对于车上人员责任保险的标准保费(赔偿限额 1 万元):

(1)车上驾驶人:标准保费 42 元;

(2)车上乘员:标准保费 108 元(4 个座位)。

二 新增加设备损失险

1 保险责任

投保了本附加险的被保险机动车因发生机动车损失保险责任范围内的事故,造成车上新增加设备的直接损毁,保险人在保险单载明的本附加险的保险金额内,按照实际损失计算赔偿。

2 保险金额

保险金额根据新增加设备的实际价值确定。新增加设备的实际价值是指新增加设备的购置价减去折旧金额后的金额。

新增加设备的折旧率以本条款所对应的主险条款规定为准。

3 赔偿处理

每次赔偿的免赔率以本条款所对应的主险条款规定为准。

4 **其他事项**

本保险所指新增加设备,是指被保险机动车出厂时原有各项设备以外,被保险人加装、改装的设备及设施。

投保时,应当列明车上新增加设备明细表及价格。

5 **常见的汽车新增加设备**

(1)氙气前照灯(图3-44);

(2)大包围(图3-45);

图3-44 氙气前照灯

图3-45 大包围

(3)尾翼(图3-46);

(4)轮毂(图3-47);

图3-46 尾翼

图3-47 轮毂

(5)汽车音响(图3-48)。

三 车身划痕损失险

投保了机动车损失保险的机动车,可投保本附加险。

1 保险责任

无明显碰撞痕迹的车身划痕损失(图 3-49),保险人负责赔偿。

图 3-48　汽车音响

图 3-49　车身划痕

无明显碰撞痕迹的车身划痕,通常被理解为车身表面只需要喷涂修理即可修复的损伤。

2 责任免除

被保险人及其家庭成员、驾驶人员及其家庭成员的故意行为造成的损失,承保人可不予赔偿。

3 保险金额

保险金额有 2000 元、5000 元、10000 元和 20000 元四个档次供投保人选择,由投保人和保险人在投保时协商确定。

图 3-50　马自达 6 轿车

做一做

史先生的马自达 6 轿车(图 3-50)投保了车身划痕损失险,保险金额为 2000 元。在保险期间内,史先生有一次将车停在小区的车库中遭他人故意划伤,保险公司一共赔付了 1200 元将史先生的车喷涂修复。请问史先生的汽车车身划痕损失险保险期间内还剩余多少保险金额？

你的答案：_____。

本章小结

1 **机动车损失保险**

（1）使用性质；

（2）保险责任；

（3）全车盗抢险；

（4）合理的施救费用；

（5）责任免除；

（6）保险金额的确定；

（7）保险人及被保险人的义务；

（8）赔偿处理。

2 **机动车第三者责任保险**

（1）保险责任；

（2）责任免除；

（3）相关解释；

（4）保险人及被保险人的义务；

（5）赔偿处理。

3 **机动车附加险**

（1）车上人员责任保险的保险责任、责任免除、责任限额。

（2）新增加设备损失险的保险责任、保险金额、赔偿处理及常见的汽车新增加设备。

（3）车身划痕损失险的使用范围、保险责任、责任免除、保险金额。

课后训练

一、填空题

机动车损失保险的使用性质主要包括：_____汽车、_____汽车和

_____汽车三种。

二、名词解释

1. 合理的施救费用

2. 全损

3. 第三者

三、问答题

1. 机动车损失保险的保险责任是什么?

2. 机动车损失保险的保险金额应根据什么确定?

3. 机动车第三者责任保险的保险责任是什么?

4. 车上人员责任保险的保险责任是什么?

5. 新增加设备损失险的保险责任是什么?

6. 全车盗抢险的保险责任是什么?

附件 中国保险行业协会机动车商业保险示范条款(2020版)

总 则

第一条 本保险条款分为主险、附加险。

主险包括机动车损失保险、机动车第三者责任保险、机动车车上人员责任保险共三个独立的险种,投保人可以选择投保全部险种,也可以选择投保其中部分险种。保险人依照本保险合同的约定,按照承保险种分别承担保险责任。

附加险不能独立投保。附加险条款与主险条款相抵触的,以附加险条款为准,附加险条款未尽之处,以主险条款为准。

第二条 本保险合同中的被保险机动车是指在中华人民共和国境内(不含港、澳、台地区)行驶,以动力装置驱动或者牵引,上道路行驶的供人员乘用或者用于运送物品以及进行专项作业的轮式车辆(含挂车)、履带式车辆和其他运载工具,但不包括摩托车、拖拉机、特种车。

第三条 本保险合同中的第三者是指因被保险机动车发生意外事故遭受人身伤亡或者财产损失的人,但不包括被保险机动车本车车上人员、被保险人。

第四条 本保险合同中的车上人员是指发生意外事故的瞬间,在被保险机动车车内或车体上的人员,包括正在上下车的人员。

第五条 本保险合同中的各方权利和义务,由保险人、投保人遵循公平原则协商确定。保险人、投保人自愿订立本保险合同。

除本保险合同另有约定外,投保人应在保险合同成立时一次交清保险费。保险费未交清前,本保险合同不生效。

第一章　机动车损失保险

保 险 责 任

第六条　保险期间内,被保险人或被保险机动车驾驶人(以下简称"驾驶人")在使用被保险机动车过程中,因自然灾害、意外事故造成被保险机动车直接损失,且不属于免除保险人责任的范围,保险人依照本保险合同的约定负责赔偿。

第七条　保险期间内,被保险机动车被盗窃、抢劫、抢夺,经出险地县级以上公安刑侦部门立案证明,满60天未查明下落的全车损失,以及因被盗窃、抢劫、抢夺受到损坏造成的直接损失,且不属于免除保险人责任的范围,保险人依照本保险合同的约定负责赔偿。

第八条　发生保险事故时,被保险人或驾驶人为防止或者减少被保险机动车的损失所支付的必要的、合理的施救费用,由保险人承担;施救费用数额在被保险机动车损失赔偿金额以外另行计算,最高不超过保险金额。

责 任 免 除

第九条　在上述保险责任范围内,下列情况下,不论任何原因造成被保险机动车的任何损失和费用,保险人均不负责赔偿:

(一)事故发生后,被保险人或驾驶人故意破坏、伪造现场、毁灭证据;

(二)驾驶人有下列情形之一者:

1.交通肇事逃逸;

2.饮酒、吸食或注射毒品、服用国家管制的精神药品或麻醉药品;

3.无驾驶证,驾驶证被依法扣留、暂扣、吊销、注销期间;

4.驾驶与驾驶证载明的准驾车型不相符合的机动车。

(三)被保险机动车有下列情形之一者:

1.发生保险事故时被保险机动车行驶证、号牌被注销;

2.被扣留、收缴、没收期间;

3.竞赛、测试期间,在营业性场所维修、保养、改装期间;

4.被保险人或驾驶人故意或重大过失,导致被保险机动车被利用从事犯罪行为。

第十条　下列原因导致的被保险机动车的损失和费用,保险人不负责赔偿:

(一)战争、军事冲突、恐怖活动、暴乱、污染(含放射性污染)、核反应、核辐射；

（二）违反安全装载规定；

（三）被保险机动车被转让、改装、加装或改变使用性等，导致被保险机动车危险程度显著增加，且未及时通知保险人，因危险程度显著增加而发生保险事故的；

（四）投保人、被保险人或驾驶人故意制造保险事故。

第十一条　下列损失和费用，保险人不负责赔偿：

（一）因市场价格变动造成的贬值、修理后因价值降低引起的减值损失；

（二）自然磨损、朽蚀、腐蚀、故障、本身质量缺陷；

（三）投保人、被保险人或驾驶人知道保险事故发生后，故意或者重大过失未及时通知，致使保险事故的性质、原因、损失程度等难以确定，保险人对无法确定的部分，不承担赔偿责任，但保险人通过其他途径已经知道或者应当及时知道保险事故发生的除外；

（四）因被保险人违反本条款第十五条约定，导致无法确定损失；

（五）车轮单独损失，无明显碰撞痕迹的车身划痕，以及新增加设备的损失；

（六）非全车盗抢、仅车上零部件或附属设备被盗窃。

免 赔 额

第十二条　对于投保人与保险人在投保时协商确定绝对免赔额的，保险人在依据本保险合同约定计算赔款的基础上，增加每次事故绝对免赔额。

保 险 金 额

第十三条　保险金额按投保时被保险机动车的实际价值确定。

投保时被保险机动车的实际价值由投保人与保险人根据投保时的新车购置价减去折旧金额后的价格协商确定或其他市场公允价值协商确定。

折旧金额可根据本保险合同列明的参考折旧系数表确定。

赔 偿 处 理

第十四条　发生保险事故后，保险人依据本条款约定在保险责任范围内承担赔偿责任。赔偿方式由保险人与被保险人协商确定。

第十五条　因保险事故损坏的被保险机动车，修理前被保险人应当会同保险人检验，协商确定维修机构、修理项目、方式和费用。无法协商确定的，双方委托共同认可有资质的第三方进行评估。

第十六条　被保险机动车遭受损失后的残余部分由保险人、被保险人协商处理。如折归被保险人的，由双方协商确定其价值并在赔款中扣除。

第十七条　因第三方对被保险机动车的损害而造成保险事故,被保险人向第三方索赔的,保险人应积极协助;被保险人也可以直接向本保险人索赔,保险人在保险金额内先行赔付被保险人,并在赔偿金额内代位行使被保险人对第三方请求赔偿的权利。

被保险人已经从第三方取得损害赔偿的,保险人进行赔偿时,相应扣减被保险人从第三方已取得的赔偿金额。

保险人未赔偿之前,被保险人放弃对第三方请求赔偿的权利的,保险人不承担赔偿责任。

被保险人故意或者因重大过失致使保险人不能行使代位请求赔偿的权利的,保险人可以扣减或者要求返还相应的赔款。

保险人向被保险人先行赔付的,保险人向第三方行使代位请求赔偿的权利时,被保险人应当向保险人提供必要的文件和所知道的有关情况。

第十八条　机动车损失赔款按以下方法计算:

(一)全部损失

赔款 = 保险金额 − 被保险人已从第三方获得的赔偿金额 − 绝对免赔额

(二)部分损失

被保险机动车发生部分损失,保险人按实际修复费用在保险金额内计算赔偿:

赔款 = 实际修复费用 − 被保险人已从第三方获得的赔偿金额 − 绝对免赔额

(三)施救费

施救的财产中,含有本保险合同之外的财产,应按本保险合同保险财产的实际价值占总施救财产的实际价值比例分摊施救费用。

第十九条　被保险机动车发生本保险事故,导致全部损失,或一次赔款金额与免赔金额之和(不含施救费)达到保险金额,保险人按本保险合同约定支付赔款后,本保险责任终止,保险人不退还机动车损失保险及其附加险的保险费。

第二章　机动车第三者责任保险

保 险 责 任

第二十条　保险期间内,被保险人或其允许的驾驶人在使用被保险机动车过程中发生意外事故,致使第三者遭受人身伤亡或财产直接损毁,依法应当对第三者承担的损害赔偿责任,且不属于免除保险人责任的范围,保险人依照本保险合同的约定,对于超过机动车交通事故责任强制保险各分项赔偿限额的部分负责赔偿。

第二十一条　保险人依据被保险机动车一方在事故中所负的事故责任比例,承担相应的赔偿责任。

被保险人或被保险机动车一方根据有关法律法规选择自行协商或由公安机关交通管理部门处理事故,但未确定事故责任比例的,按照下列规定确定事故责任比例:

被保险机动车一方负主要事故责任的,事故责任比例为70%;

被保险机动车一方负同等事故责任的,事故责任比例为50%;

被保险机动车一方负次要事故责任的,事故责任比例为30%。

涉及司法或仲裁程序的,以法院或仲裁机构最终生效的法律文书为准。

责 任 免 除

第二十二条　在上述保险责任范围内,下列情况下,不论任何原因造成的人身伤亡、财产损失和费用,保险人均不负责赔偿:

(一)事故发生后,被保险人或驾驶人故意破坏、伪造现场,毁灭证据;

(二)驾驶人有下列情形之一者:

1. 交通肇事逃逸;

2. 饮酒、吸食或注射毒品、服用国家管制的精神药品或者麻醉药品;

3. 无驾驶证,驾驶证被依法扣留、暂扣、吊销、注销期间;

4. 驾驶与驾驶证载明的准驾车型不相符合的机动车;

5. 非被保险人允许的驾驶人。

(三)被保险机动车有下列情形之一者:

1. 发生保险事故时被保险机动车行驶证、号牌被注销的;

2. 被扣留、收缴、没收期间;

3. 竞赛、测试期间,在营业性场所维修、保养、改装期间;

4. 全车被盗窃、被抢劫、被抢夺、下落不明期间。

第二十三条　下列原因导致的人身伤亡、财产损失和费用,保险人不负责赔偿:

(一)战争、军事冲突、恐怖活动、暴乱、污染(含放射性污染)、核反应、核辐射;

(二)第三者、被保险人或驾驶人故意制造保险事故、犯罪行为,第三者与被保险人或其他致害人恶意串通的行为;

(三)被保险机动车被转让、改装、加装或改变使用性质等,导致被保险机动车危险程度显著增加,且未及时通知保险人,因危险程度显著增加而发生保险事故的。

第二十四条　下列人身伤亡、财产损失和费用,保险人不负责赔偿:

(一)被保险机动车发生意外事故,致使任何单位或个人停业、停驶、停电、停水、停气、停产、通信或网络中断、电压变化、数据丢失造成的损失以及其他各种间接损失；

（二）第三者财产因市场价格变动造成的贬值，修理后因价值降低引起的减值损失；

（三）被保险人及其家庭成员、驾驶人及其家庭成员所有、承租、使用、管理、运输或代管的财产的损失，以及本车上财产的损失；

（四）被保险人、驾驶人、本车车上人员的人身伤亡；

（五）停车费、保管费、扣车费、罚款、罚金或惩罚性赔款；

（六）超出《道路交通事故受伤人员临床诊疗指南》和国家基本医疗保险同类医疗费用标准的费用部分；

（七）律师费，未经保险人事先书面同意的诉讼费、仲裁费；

（八）投保人、被保险人或驾驶人知道保险事故发生后，故意或者因重大过失未及时通知，致使保险事故的性质、原因、损失程度等难以确定的，保险人对无法确定的部分，不承担赔偿责任，但保险人通过其他途径已经知道或者应当及时知道保险事故发生的除外；

（九）因被保险人违反本条款第二十八条约定，导致无法确定的损失；

（十）精神损害抚慰金；

（十一）应当由机动车交通事故责任强制保险赔偿的损失和费用。

保险事故发生时，被保险机动车未投保机动车交通事故责任强制保险或机动车交通事故责任强制保险合同已经失效的，对于机动车交通事故责任强制保险责任限额以内的损失和费用，保险人不负责赔偿。

责 任 限 额

第二十五条　每次事故的责任限额，由投保人和保险人在签订本保险合同时协商确定。

第二十六条　主车和挂车连接使用时视为一体，发生保险事故时，由主车保险人和挂车保险人按照保险单上载明的机动车第三者责任保险责任限额的比例，在各自的责任限额内承担赔偿责任。

赔 偿 处 理

第二十七条　保险人对被保险人或其允许的驾驶人给第三者造成的损害，可以直接向该第三者赔偿。

被保险人或其允许的驾驶人给第三者造成损害，对第三者应负的赔偿责任确定的，根据被保险人的请求，保险人应当直接向该第三者赔偿。被保险人怠于请求的，第三者就其应获赔偿部分直接向保险人请求赔偿的,保险人可以直接向该第三者赔偿。

被保险人或其允许的驾驶人给第三者造成损害,未向该第三者赔偿的,保险人不得向被保险人赔偿。

第二十八条　发生保险事故后,保险人依据本条款约定在保险责任范围内承担赔偿责任。赔偿方式由保险人与被保险人协商确定。

因保险事故损坏的第三者财产,修理前被保险人应当会同保险人检验,协商确定维修机构、修理项目、方式和费用。无法协商确定的,双方委托共同认可的有资质的第三方进行评估。

第二十九条　赔款计算

(一)当(依合同约定核定的第三者损失金额－机动车交通事故责任强制保险的分项赔偿限额)×事故责任比例等于或高于每次事故责任限额时:

$$赔款 = 每次事故责任限额$$

(二)当(依合同约定核定的第三者损失金额－机动车交通事故责任强制保险的分项赔偿限额)×事故责任比例低于每次事故责任限额时:

$$赔款 = (依合同约定核定的第三者损失金额 － 机动车交通事故责任强制保险的分项赔偿限额) × 事故责任比例$$

第三十条　保险人按照《道路交通事故受伤人员临床诊疗指南》和国家基本医疗保险的同类医疗费用标准核定医疗费用的赔偿金额。

未经保险人书面同意,被保险人自行承诺或支付的赔偿金额,保险人有权重新核定。不属于保险人赔偿范围或超出保险人应赔偿金额的,保险人不承担赔偿责任。

第三章　机动车车上人员责任保险

保 险 责 任

第三十一条　保险期间内,被保险人或其允许的驾驶人在使用被保险机动车过程中发生意外事故,致使车上人员遭受人身伤亡,且不属于免除保险人责任的范围,依法应当对车上人员承担的损害赔偿责任,保险人依照本保险合同的约定负责赔偿。

第三十二条　保险人依据被保险机动车一方在事故中所负的事故责任比例,承担相应的赔偿责任。

被保险人或被保险机动车一方根据有关法律法规选择自行协商或由公安机关

交通管理部门处理事故,但未确定事故责任比例的,按照下列规定确定事故责任比例:

被保险机动车一方负主要事故责任的,事故责任比例为70%;

被保险机动车一方负同等事故责任的,事故责任比例为50%;

被保险机动车一方负次要事故责任的,事故责任比例为30%。

涉及司法或仲裁程序的,以法院或仲裁机构最终生效的法律文书为准。

责任免除

第三十三条　在上述保险责任范围内,下列情况下,不论任何原因造成的人身伤亡,保险人均不负责赔偿:

(一)事故发生后,被保险人或驾驶人故意破坏、伪造现场,毁灭证据;

(二)驾驶人有下列情形之一者:

1.交通肇事逃逸;

2.饮酒、吸食或注射毒品、服用国家管制的精神药品或者麻醉药品;

3.无驾驶证,驾驶证被依法扣留、暂扣、吊销、注销期间;

4.驾驶与驾驶证载明的准驾车型不相符合的机动车;

5.非被保险人允许的驾驶人。

(三)被保险机动车有下列情形之一者:

1.发生保险事故时被保险机动车行驶证、号牌被注销的;

2.被扣留、收缴、没收期间;

3.竞赛、测试期间,在营业性场所维修、保养、改装期间;

4.全车被盗窃、被抢劫、被抢夺、下落不明期间。

第三十四条　下列原因导致的人身伤亡,保险人不负责赔偿:

(一)战争、军事冲突、恐怖活动、暴乱、污染(含放射性污染)、核反应、核辐射;

(二)被保险机动车被转让、改装、加装或改变使用性质等,导致被保险机动车危险程度显著增加,且未及时通知保险人,因危险程度显著增加而发生保险事故的;

(三)投保人、被保险人或驾驶人故意制造保险事故。

第三十五条　下列人身伤亡、损失和费用,保险人不负责赔偿:

(一)被保险人及驾驶人以外的其他车上人员的故意行为造成的自身伤亡;

(二)车上人员因疾病、分娩、自残、斗殴、自杀、犯罪行为造成的自身伤亡;

(三)罚款、罚金或惩罚性赔款;

(四)超出《道路交通事故受伤人员临床诊疗指南》和国家基本医疗保险同类医疗费用标准的费用部分;

（五）律师费，未经保险人事先书面同意的诉讼费、仲裁费；

（六）投保人、被保险人或驾驶人知道保险事故发生后，故意或者因重大过失未及时通知，致使保险事故的性质、原因、损失程度等难以确定的，保险人对无法确定的部分，不承担赔偿责任，但保险人通过其他途径已经知道或者应当及时知道保险事故发生的除外；

（七）精神损害抚慰金；

（八）应当由机动车交通事故责任强制保险赔付的损失和费用。

责 任 限 额

第三十六条　驾驶人每次事故责任限额和乘客每次事故每人责任限额由投保人和保险人在投保时协商确定。投保乘客座位数按照被保险机动车的核定载客数（驾驶人座位除外）确定。

赔 偿 处 理

第三十七条　赔款计算

（一）对每座的受害人，当（依合同约定核定的每座车上人员人身伤亡损失金额 – 应由机动车交通事故责任强制保险赔偿的金额）×事故责任比例高于或等于每次事故每座责任限额时：

$$赔款 = 每次事故每座责任限额$$

（二）对每座的受害人，当（依合同约定核定的每座车上人员人身伤亡损失金额 – 应由机动车交通事故责任强制保险赔偿的金额）×事故责任比例低于每次事故每座责任限额时：

$$赔款 = （依合同约定核定的每座车上人员人身伤亡损失金额 – 应由机动车交通事故责任强制保险赔偿的金额）×事故责任比例$$

第三十八条　保险人按照《道路交通事故受伤人员临床诊疗指南》和国家基本医疗保险的同类医疗费用标准核定医疗费用的赔偿金额。

未经保险人书面同意，被保险人自行承诺或支付的赔偿金额，保险人有权重新核定。不属于保险人赔偿范围或超出保险人应赔偿金额的，保险人不承担赔偿责任。

第四章　通 用 条 款

保 险 期 间

第三十九条　除另有约定外，保险期间为一年，以保险单载明的起讫时间为准。

其他事项

第四十条　发生保险事故时,被保险人或驾驶人应当及时采取合理的、必要的施救和保护措施,防止或者减少损失,并在保险事故发生后 48 小时内通知保险人。

被保险机动车全车被盗抢的,被保险人知道保险事故发生后,应在 24 小时内向出险当地公安刑侦部门报案,并通知保险人。

被保险人索赔时,应当向保险人提供与确认保险事故的性质、原因、损失程度等有关的证明和资料。

被保险人应当提供保险单、损失清单、有关费用单据、被保险机动车行驶证和发生事故时驾驶人的驾驶证。

属于道路交通事故的,被保险人应当提供公安机关交通管理部门或法院等机构出具的事故证明、有关的法律文书(判决书、调解书、裁定书、裁决书等)及其他证明。被保险人或其允许的驾驶人根据有关法律法规规定选择自行协商方式处理交通事故的,被保险人应当提供依照《道路交通事故处理程序规定》签订记录交通事故情况的协议书。

被保险机动车被盗抢的,被保险人索赔时,须提供保险单、损失清单、有关费用单据、《机动车登记证书》、机动车来历凭证以及出险当地县级以上公安刑侦部门出具的盗抢立案证明。

第四十一条　保险人按照本保险合同的约定,认为被保险人索赔提供的有关证明和资料不完整的,应当及时一次性通知被保险人补充提供。

第四十二条　保险人收到被保险人的赔偿请求后,应当及时作出核定;情形复杂的,应当在三十日内作出核定。保险人应当将核定结果通知被保险人;对属于保险责任的,在与被保险人达成赔偿协议后十日内,履行赔偿义务。保险合同对赔偿期限另有约定的,保险人应当按照约定履行赔偿义务。

保险人未及时履行前款约定义务的,除支付赔款外,应当赔偿被保险人因此受到的损失。

第四十三条　保险人依照本条款第四十二条的约定作出核定后,对不属于保险责任的,应当自作出核定之日起三日内向被保险人发出拒绝赔偿通知书,并说明理由。

第四十四条　保险人自收到赔偿请求和有关证明、资料之日起六十日内,对其赔偿数额不能确定的,应当根据已有证明和资料可以确定的数额先予支付;保险人最终确定赔偿数额后,应当支付相应的差额。

第四十五条　保险人受理报案、现场查勘、核定损失、参与诉讼、进行抗辩、要求被保险人提供证明和资料、向被保险人提供专业建议等行为,均不构成保险人对赔偿责任的承诺。

第四十六条　在保险期间内,被保险机动车转让他人的,受让人承继被保险人的权利和义务。被保险人或者受让人应当及时通知保险人,并及时办理保险合同变更手续。

因被保险机动车转让导致被保险机动车危险程度发生显著变化的,保险人自收到前款约定的通知之日起三十日内,可以相应调整保险费或者解除本保险合同。

第四十七条　保险责任开始前,投保人要求解除本保险合同的,应当向保险人支付应交保险费金额3%的退保手续费,保险人应当退还保险费。

保险责任开始后,投保人要求解除本保险合同的,自通知保险人之日起,本保险合同解除。保险人按日收取自保险责任开始之日起至合同解除之日止期间的保险费,并退还剩余部分保险费。

第四十八条　因履行本保险合同发生的争议,由当事人协商解决,协商不成的,由当事人从下列两种合同争议解决方式中选择一种,并在本保险合同中载明:

(一)提交保险单载明的仲裁委员会仲裁;

(二)依法向人民法院起诉。

本保险合同适用中华人民共和国法律(不含港、澳、台地区法律)。

附　加　险

附加险条款的法律效力优于主险条款。附加险条款未尽事宜,以主险条款为准。除附加险条款另有约定外,主险中的责任免除、双方义务同样适用于附加险。主险保险责任终止的,其相应的附加险保险责任同时终止。

1.附加绝对免赔率特约条款

2.附加车轮单独损失险

3.附加新增加设备损失险

4.附加车身划痕损失险

5.附加修理期间费用补偿险

6.附加发动机进水损坏除外特约条款

7.附加车上货物责任险

8.附加精神损害抚慰金责任险

9.附加法定节假日限额翻倍险

10.附加医保外医疗费用责任险

11.附加机动车增值服务特约条款

附加绝对免赔率特约条款

绝对免赔率为5%、10%、15%、20%,由投保人和保险人在投保时协商确定,具体以保险单载明为准。

被保险机动车发生主险约定的保险事故,保险人按照主险的约定计算赔款后,扣减本特约条款约定的免赔。即:

$$主险实际赔款 = 按主险约定计算的赔款 \times (1 - 绝对免赔率)$$

附加车轮单独损失险

投保了机动车损失保险的机动车,可投保本附加险。

第一条　保险责任

保险期间内,被保险人或被保险机动车驾驶人在使用被保险机动车过程中,因自然灾害、意外事故,导致被保险机动车未发生其他部位的损失,仅有车轮(含轮胎、轮毂、轮毂罩)单独的直接损失,且不属于免除保险人责任的范围,保险人依照本附加险合同的约定负责赔偿。

第二条　责任免除

(一)车轮(含轮胎、轮毂、轮毂罩)的自然磨损、朽蚀、腐蚀、故障、本身质量缺陷;

(二)未发生全车盗抢,仅车轮单独丢失。

第三条　保险金额

保险金额由投保人和保险人在投保时协商确定。

第四条　赔偿处理

(一)发生保险事故后,保险人依据本条款约定在保险责任范围内承担赔偿责任。赔偿方式由保险人与被保险人协商确定;

(二)赔款 = 实际修复费用 - 被保险人已从第三方获得的赔偿金额;

(三)在保险期间内,累计赔款金额达到保险金额,本附加险保险责任终止。

附加新增加设备损失险

投保了机动车损失保险的机动车,可投保本附加险。

第一条　保险责任

保险期间内,投保了本附加险的被保险机动车因发生机动车损失保险责任范围内的事故,造成车上新增加设备的直接损毁,保险人在保险单载明的本附加险的保险金额内,按照实际损失计算赔偿。

第二条　保险金额

保险金额根据新增加设备投保时的实际价值确定。新增加设备的实际价值是指新增加设备的购置价减去折旧金额后的金额。

第三条　赔偿处理

发生保险事故后,保险人依据本条款约定在保险责任范围内承担赔偿责任。赔偿方式由保险人与被保险人协商确定。

赔款 = 实际修复费用 – 被保险人已从第三方获得的赔偿金额

附加车身划痕损失险

投保了机动车损失保险的机动车,可投保本附加险。

第一条　保险责任

保险期间内,被保险机动车在被保险人或被保险机动车驾驶人使用过程中,发生无明显碰撞痕迹的车身划痕损失,保险人按照保险合同约定负责赔偿。

第二条　责任免除

(一)被保险人及其家庭成员、驾驶人及其家庭成员的故意行为造成的损失;

(二)因投保人、被保险人与他人的民事、经济纠纷导致的任何损失;

(三)车身表面自然老化、损坏,腐蚀造成的任何损失。

第三条　保险金额

保险金额为 2000 元、5000 元、10000 元或 20000 元,由投保人和保险人在投保时协商确定。

第四条　赔偿处理

(一)发生保险事故后,保险人依据本条款约定在保险责任范围内承担赔偿责任,赔偿方式由保险人与被保险人协商确定。

赔款 = 实际修复费用 – 被保险人已从第三方获得的赔偿金额

(二)在保险期间内,累计赔款金额达到保险金额,本附加险保险责任终止。

附加修理期间费用补偿险

投保了机动车损失保险的机动车,可投保本附加险。

第一条　保险责任

保险期间内,投保了本条款的机动车在使用过程中,发生机动车损失保险责任范围内的事故,造成车身损毁,致使被保险机动车停驶,保险人按保险合同约定,在保险金额内向被保险人补偿修理期间费用,作为代步车费用或弥补停驶损失。

第二条　责任免除

下列情况下,保险人不承担修理期间费用补偿:

(一)因机动车损失保险责任范围以外的事故而致被保险机动车的损毁或修理;

(二)非在保险人认可的修理厂修理时,因车辆修理质量不合要求造成返修;

(三)被保险人或驾驶人拖延车辆送修期间。

第三条 保险金额

本附加险保险金额＝补偿天数×日补偿金额。补偿天数及日补偿金额由投保人与保险人协商确定并在保险合同中载明,保险期间内约定的补偿天数最高不超过90天。

第四条 赔偿处理

全车损失,按保险单载明的保险金额计算赔偿;部分损失,在保险金额内按约定的日补偿金额乘以从送修之日起至修复之日止的实际天数计算赔偿,实际天数超过双方约定修理天数的,以双方约定的修理天数为准。

保险期间内,累计赔款金额达到保险单载明的保险金额,本附加险保险责任终止。

附加发动机进水损坏除外特约条款

投保了机动车损失保险的机动车,可投保本附加险。

保险期间内,投保了本附加险的被保险机动车在使用过程中,因发动机进水后导致的发动机的直接损毁,保险人不负责赔偿。

附加车上货物责任险

投保了机动车第三者责任保险的营业货车(含挂车),可投保本附加险。

第一条 保险责任

保险期间内,发生意外事故致使被保险机动车所载货物遭受直接损毁,依法应由被保险人承担的损害赔偿责任,保险人负责赔偿。

第二条 责任免除

(一)偷盗、哄抢、自然损耗、本身缺陷、短少、死亡、腐烂、变质、串味、生锈,动物走失、飞失、货物自身起火燃烧或爆炸造成的货物损失;

(二)违法、违章载运造成的损失;

(三)因包装、紧固不善,装载、遮盖不当导致的任何损失;

(四)车上人员携带的私人物品的损失;

(五)保险事故导致的货物减值、运输延迟、营业损失及其他各种间接损失;

(六)法律、行政法规禁止运输的货物的损失。

第三条 责任限额

责任限额由投保人和保险人在投保时协商确定。

第四条 赔偿处理

(一)被保险人索赔时,应提供运单、起运地货物价格证明等相关单据。保险人在责任限额内按起运地价格计算赔偿;

(二)发生保险事故后,保险人依据本条款约定在保险责任范围内承担赔偿责任,赔偿方式由保险人与被保险人协商确定。

附加精神损害抚慰金责任险

投保了机动车第三者责任保险或机动车车上人员责任保险的机动车,可投保本附加险。

在投保人仅投保机动车第三者责任保险的基础上附加本附加险时,保险人只负责赔偿第三者的精神损害抚慰金;在投保人仅投保机动车车上人员责任保险的基础上附加本附加险时,保险人只负责赔偿车上人员的精神损害抚慰金。

第一条 保险责任

保险期间内,被保险人或其允许的驾驶人在使用被保险机动车的过程中,发生投保的主险约定的保险责任内的事故,造成第三者或车上人员的人身伤亡,受害人据此提出精神损害赔偿请求,保险人依据法院判决及保险合同约定,对应由被保险人或被保险机动车驾驶人支付的精神损害抚慰金,在扣除机动车交通事故责任强制保险应当支付的赔款后,在本保险赔偿限额内负责赔偿。

第二条 责任免除

(一)根据被保险人与他人的合同协议,应由他人承担的精神损害抚慰金;

(二)未发生交通事故,仅因第三者或本车人员的惊恐而引起的损害;

(三)怀孕妇女的流产发生在交通事故发生之日起30天以外的。

第三条 赔偿限额

本保险每次事故赔偿限额由保险人和投保人在投保时协商确定。

第四条 赔偿处理

本附加险赔偿金额依据生效法律文书或当事人达成且经保险人认可的赔付协议,在保险单所载明的赔偿限额内计算赔偿。

附加法定节假日限额翻倍险

投保了机动车第三者责任保险的家庭自用汽车,可投保本附加险。

保险期间内,被保险人或其允许的驾驶人在法定节假日期间使用被保险机动车发生机动车第三者责任保险范围内的事故,并经公安部门或保险人查勘确认的,被保险机动车第三者责任保险所适用的责任限额在保险单载明的基础上增加一倍。

附加医保外医疗费用责任险

投保了机动车第三者责任保险或机动车车上人员责任保险的机动车,可投保本附加险。

第一条 保险责任

保险期间内,被保险人或其允许的驾驶人在使用被保险机动车的过程中,发生主险保险事故,对于被保险人依照中华人民共和国法律(不含港澳台地区法律)应对第三者或车上人员承担的医疗费用,保险人对超出《道路交通事故受伤人员临床诊疗指南》和国家基本医疗保险同类医疗费用标准的部分负责赔偿。

第二条 责任免除

下列损失、费用,保险人不负责赔偿:

(一)在相同保障的其他保险项下可获得赔偿的部分;

(二)所诊治伤情与主险保险事故无关联的医疗、医药费用;

(三)特需医疗类费用。

第三条 赔偿限额

赔偿限额由投保人和保险人在投保时协商确定,并在保险单中载明。

第四条 赔偿处理

被保险人索赔时,应提供由具备医疗机构执业许可的医院或药品经营许可的药店出具的、足以证明各项费用赔偿金额的相关单据。保险人根据被保险人实际承担的责任,在保险单载明的责任限额内计算赔偿。

附加机动车增值服务特约条款

第一条 投保了机动车保险后,可投保本特约条款。

第二条 本特约条款包括道路救援服务特约条款、车辆安全检测特约条款、代为驾驶服务特约条款、代为送检服务特约条款共四个独立的特约条款,投保人可以选择投保全部特约条款,也可以选择投保其中部分特约条款。保险人依照保险合同的约定,按照承保特约条款分别提供增值服务。

一、道路救援服务特约条款

第三条 服务范围

保险期间内,被保险机动车在使用过程中发生故障而丧失行驶能力时,保险人或其受托人根据被保险人请求,向被保险人提供如下道路救援服务。

(一)单程50公里以内拖车;

(二)送油、送水、送防冻液、搭电;

(三)轮胎充气、更换轮胎;

(四)车辆脱离困境所需的拖拽、吊车。

第四条 责任免除

(一)根据所在地法律法规、行政管理部门的规定,无法开展相关服务项目的情形;

（二）送油、更换轮胎等服务过程中产生的油料、防冻液、配件、辅料等材料费用；

（三）被保险人或驾驶人的故意行为。

第五条　责任限额

保险期间内，保险人提供 2 次免费服务，超出 2 次的，由投保人和保险人在签订保险合同时协商确定，分为 5 次、10 次、15 次、20 次四档。

二、车辆安全检测特约条款

第六条　服务范围

保险期间内，为保障车辆安全运行，保险人或其受托人根据被保险人请求，为被保险机动车提供车辆安全.检测服务,车辆安全检测项目包括：

（一）发动机检测（机油、空滤、燃油、冷却等）；

（二）变速器检测；

（三）转向系统检测（含车轮定位测试、轮胎动平衡测试）；

（四）底盘检测；

（五）轮胎检测；

（六）汽车玻璃检测；

（七）汽车电子系统检测（全车电控电器系统检测）；

（八）车内环境检测；

（九）蓄电池检测；

（十）车辆综合安全检测。

第七条　责任免除

（一）检测中发现的问题部件的更换、维修费用；

（二）洗车、打蜡等常规保养费用；

（三）车辆运输费用。

第八条　责任限额

保险期间内，本特约条款的检测项目及服务次数上限由投保人和保险人在签订保险合同时协商确定。

三、代为驾驶服务特约条款

第九条　服务范围

保险期间内，保险人或其受托人根据被保险人请求，在被保险人或其允许的驾驶人因饮酒、服用药物等原因无法驾驶或存在重大安全驾驶隐患时提供单程 30 公里以内的短途代驾服务。

第十条　责任免除

根据所在地法律法规、行政管理部门的要求,无法开展相关服务项目的情形。

第十一条　责任限额

保险期间内,本特约条款的服务次数上限由投保人和保险人在签订保险合同时协商确定。

四、代为送检服务特约条款

第十二条　服务范围

保险期间内,按照《中华人民共和国道路交通安全法实施条例》,被保险机动车需由机动车安全技术检验机构实施安全技术检验时,根据被保险人请求,由保险人或其受托人代替车辆所有人进行车辆送检。

第十三条　责任免除

(一)根据所在地法律法规、行政管理部门的要求,无法开展相关服务项目的情形;

(二)车辆检验费用及罚款;

(三)维修费用。

释　　义

【使用被保险机动车过程】　指被保险机动车作为一种工具被使用的整个过程,包括行驶、停放及作业,但不包括在营业场所被维修养护期间、被营业单位拖带或被吊装等施救期间。

【自然灾害】　指对人类以及人类赖以生存的环境造成破坏性影响的自然现象,包括雷击、暴风、暴雨、洪水、龙卷风、冰雹、台风、热带风暴、地陷、崖崩、滑坡、泥石流、雪崩、冰陷、暴雪、冰凌、沙尘暴、地震及其次生灾害等。

【意外事故】　指被保险人不可预料、无法控制的突发性事件,但不包括战争、军事冲突、恐怖活动、暴乱、污染(含放射性污染)、核反应、核辐射等。

【交通肇事逃逸】　是指发生道路交通事故后,当事人为逃避法律责任,驾驶或者遗弃车辆逃离道路交通事故现场以及潜逃藏匿的行为。

【车轮单独损失】　指未发生被保险机动车其他部位的损失,因自然灾害、意外事故,仅发生轮胎、轮毂、轮毂罩的分别单独损失,或上述三者之中任意二者的共同损失,或三者的共同损失。

【车身划痕】　仅发生被保险机动车车身表面油漆的损坏,且无明显碰撞痕迹。

【新增加设备】　指被保险机动车出厂时原有设备以外的,另外加装的设备和设施。

【新车购置价】 指本保险合同签订地购置与被保险机动车同类型新车的价格，无同类型新车市场销售价格的,由投保人与保险人协商确定。

【全部损失】 指被保险机动车发生事故后灭失,或者受到严重损坏完全失去原有形体、效用,或者不能再归被保险人所拥有的,为实际全损;或被保险机动车发生事故后,认为实际全损已经不可避免,或者为避免发生实际全损所需支付的费用超过实际价值的,为推定全损。

【家庭成员】 指配偶、父母、子女和其他共同生活的近亲属。

【市场公允价值】 指熟悉市场情况的买卖双方在公平交易的条件下和自愿的情况下所确定的价格,或无关联的双方在公平交易的条件下一项资产可以被买卖或者一项负债可以被清偿的成交价格。

【参考折旧系数表】

车辆种类	月折旧系数			
	家庭自用	非营业	营业	
			出租	其他
9 座以下客车	0.60%	0.60%	1.10%	0.90%
10 座以上客车	0.90%	0.90%	1.10%	0.90%
微型载货汽车	—	0.90%	1.10%	1.10%
带拖挂的载货汽车	—	0.90%	1.10%	1.10%
低速货车和三轮汽车	—	1.10%	1.40%	1.40%
其他车辆	—	0.90%	1.10%	0.90%

折旧按月计算,不足一个月的部分,不计折旧。最高折旧金额不超过投保时被保险机动车新车购置价的 80%。

折旧金额 = 新车购置价 × 被保险机动车已使用月数 × 月折旧系数

【饮酒】 指驾驶人饮用含有酒精的饮料,驾驶机动车时血液中的酒精含量大于等于 20mg/100mL 的。

【法定节假日】 法定节假日包括:中华人民共和国国务院规定的元旦、春节、清明节、劳动节、端午节、中秋节和国庆节放假调休日期,及星期六、星期日,具体以国务院公布的文件为准。

法定节假日不包括:1.因国务院安排调休形成的工作日;2.国务院规定的一次性全国假日;3.地方性假日。

【污染(含放射性污染)】 指被保险机动车正常使用过程中或发生事故时,由于油料、尾气、货物或其他污染物的泄漏、飞溅、排放、散落等造成的被保险机动车和第三方财产的污损、状况恶化或人身伤亡。

【特需医疗类费用】　指医院的特需医疗部门/中心/病房,包括但不限于特需医疗部、外宾医疗部、VIP部、国际医疗中心、联合医院、联合病房、干部病房、A级病房、家庭病房、套房等不属于社会基本医疗保险范畴的高等级病房产生的费用,以及名医门诊、指定专家团队门诊、特需门诊、国际门诊等产生的费用。

第四章
汽车投保实务

本章描述

　　本章主要对汽车保险需求进行分析,讲解汽车投保实务,结合具体案例介绍汽车各险种保险计算方法,介绍了无赔款优待的规定和汽车保险变更、终止与退保的一般性处理方法和流程。

知识目标

1. 掌握汽车保险投保的相关实务;
2. 掌握汽车保险续保、变更与退保的相关实务;
3. 掌握车险电子保单的相关规定。

技能目标

1. 能运用汽车保险专业知识对客户进行汽车保险需求分析;
2. 能运用汽车保险专业知识进行各险种保费计算;
3. 能对车险电子保单进行查询、查验。

素养目标

1. 培养良好的沟通能力;
2. 培养学生良好的职业道德。

建议学时

12 学时。

第一节　汽车投保实务

背景资料:

随着汽车越来越普及,为了满足不同车主的需求,汽车保险的险种也不断更新,交强险、车损险、第三者责任险、全车盗抢险、车上人员责任险、玻璃单独破损险、划痕险、不计免赔特约条款等,种类繁多,五花八门。那么,车主应该怎样进行选择(图4-1)?哪些保险是法律规定必须要购买的,哪些是可根据自己的情况选择投保的?

一　汽车保险需求分析

如果你是汽车保险的从业人员,可以建议你的客户通过下面五个选择题对其汽车保险需求进行分析,而你也可参照相关的分析术语给顾客推荐适合他的保险险种。

(1)您的汽车经常停在什么地方?

  A.车库   B.露天停车   C.无固定停放地点

分析:A.车库——汽车停放地点固定,车辆被盗风险较低。

B.露天停车——露天停车场安保工作往往不够严密,汽车被盗的风险较高(图4-2)。

C.无固定停放地点——汽车无固定停放地点,被盗风险很高,非常有必要投保全车盗抢险。

图4-1　车主对汽车保险不了解

图4-2　露天停车场

(2)您的汽车使用多长时间了?

  A.2年(含)以下   B.2~5年(含)   C.5年以上

分析:A.2年(含)以下——车辆较新,存在被盗的风险,建议购买全车盗抢险、车身划痕损失险。

B.2~5年(含)——车辆已有一定的使用年限,零部件开始老化,存在自燃等安全隐患,建议投保自燃损失险。

C.5年以上——车龄偏大,线路老旧,零部件有所磨损,存在自燃等安全隐患,非常有必要投保自燃损失险。

(3)您的车辆的主要用途是?

    A.上下班代步   B.家庭自用,偶尔跑高速 C.跑业务

分析:A.上下班代步——上下班道路拥堵,容易造成碰撞或误伤路人,建议投保第三者责任险(图4-3)。

B.家庭自用——偶尔跑高速:车辆偶尔跑高速,车窗、风窗玻璃容易被飞起的小石子击破;车辆偶尔跑高速,一旦不幸发生事故,极可能造成严重的人身伤亡,赔偿将高达数十万元,甚至上百万元,建议投保玻璃单独破碎险、第三者责任险、车上人员责任险。

C.跑业务——车辆用途较多,容易磕碰受伤,非常有必要投保机动车损失保险。

(4)您开车多久了?

    A.3年以上   B.1~3年(含)   C.1年(含)以下

分析:A.3年以上——您有丰富的开车经验,但路上"新手"较多,您再小心也难免磕磕碰碰,建议投保机动车损失保险(图4-4)。

B.1~3年(含)——您开车经验有限,一旦发生车辆损失,维修费用高,经济压力可能因此增加,建议投保机动车损失保险。

C.1年(含)以下——您开车经验浅,对路况不熟悉,应变能力有限,车辆磕碰受伤的概率大且容易造成第三者人伤,非常有必要投保机动车损失保险、第三者责任险。

图4-3 道路拥堵

图4-4 路上"新手"较多

（5）您去年出险几次？

    A.0 次　　　　　　　　　B.1～2 次　　　　　　　　　C.3 次以上

分析：A.0 次——您上年无出险记录，但在有人伤的交通事故中，负次要责任也需要赔偿一定额度的费用，可能会造成经济负担，建议投保第三者责任险、车上人员责任险。

B.1～2 次——您一年内出险次数较多，风险较高，若不幸发生人伤事故就可能承担高额的经济赔偿，建议投保第三者责任险、车上人员责任险。

C.3 次以上——您一年内出险次数较多，风险成本过高，若不幸发生人伤事故，就可能要承担高额的经济赔偿，非常有必要投保第三者责任险、车上人员责任险。

做一做

如果张女士是你的顾客，让你帮助她选择汽车保险险种，张女士对于保险需求分析的题目选择的情况是：（1）A；（2）A；（3）A；（4）B；（5）B。请你写下张女士对于汽车保险需求分析的专业术语。

你的答案：_____

_____

_____

二、各险种保费计算方法

车主投保汽车保险时，第一个关心是保险费用（图4-5）。我们往往在车主选择好险种后，签订保险合同前就要为车主估算出保险费用的价格。

图4-5　各险种的保险费用

1 交强险保费计算

根据投保车辆的实际情况，并参照表4-1、交强险在全国实行的统一保费标准，且参照交强险费率浮动规定计算保费。

$$\begin{array}{l}\text{交强险最终} \\ \text{保险费}\end{array} = \begin{array}{l}\text{交强险基础} \\ \text{保险费}\end{array} \times \left(1 + \begin{array}{l}\text{与道路交通事故} \\ \text{相联系的浮动比率}\end{array} + \begin{array}{l}\text{与酒后驾驶违法} \\ \text{行为相联系的比率}\end{array}\right)$$

交 强 险 费 率 表 　　　　　表 4-1

序号	车 辆 大 类	车辆明细分类	保费(元)
1	一、家庭自用	家庭自用6座以下	950
2		家庭自用6座及以上	1100
3	二、非营业客车	企业非营业汽车6座以下	1000
4		企业非营业汽车6~10座	1130
5		企业非营业汽车10~20座	1220
6		企业非营业汽车20座以上	1270
7		机关非营业汽车6座以下	950
8		机关非营业汽车6~10座	1070
9		机关非营业汽车10~20座	1140
10		机关非营业汽车20座以上	1320
11	三、营业客车	营业出租租赁6座以下	1800
12		营业出租租赁6~10座	2360
13		营业出租租赁10~20座	2400
14		营业出租租赁20~36座	2560
15		营业出租租赁36座以上	3530
16		营业城市公交6~10座	2250
17		营业城市公交10~20座	2520
18		营业城市公交20~36座	3020
19		营业城市公交36座以上	3140
20		营业公路客运6~10座	2350
21		营业公路客运10~20座	2620
22		营业公路客运20~36座	3420
23		营业公路客运36座以上	4690

做一做

交强险与道路交通事故相联系的浮动比率:

1.交强险费率下调规定

(1)上一个年度未发生有责任交通事故的,交强险费率下调比例为_____。

(2)上两个年度未发生有责任交通事故的,交强险费率下调比例为_____。

(3)上三个及三个以上年度未发生有责任交通事故的,交强险费率下调比例为_____。

2．交强险费率上浮规定

（1）上一个年度发生两次及两次以上有责任交通事故的，交强险费率上浮比例为_____。

（2）上一个年度发生有责任交通死亡事故的，交强险费率上浮比例为_____。

3．其他规定

（1）上一个年度发生一次有责任但不涉及死亡的道路交通事故的，费率不实行浮动。

（2）仅发生无责任道路交通事故的，无论次数多少，费率仍可享受向下浮动。

2 商业险保费优惠计算（图4-6）

计算公式：　　商业车险保险费 = 基准保费 × 费率调整系数

基准保费 = 基准纯风险保费/（1 - 附加费用率）

费率调整系数 = 无赔款优待系数 × 交通违法系数 × 自主定价系数

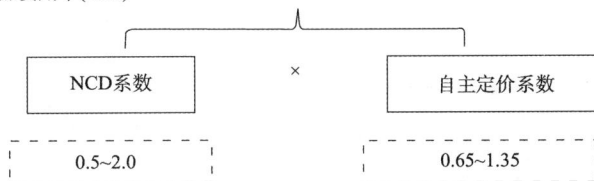

图4-6　商业险保费计算

无赔款优待（NCD）方案（表4-2）根据客户近三年投保及出险情况确定无赔款优待等级和系数，共划分为10个等级，系数范围为0.5 ~ 2.0。

NCD 浮 动 规 则　　　　　　　　　　　　　　　表4-2

等级	-4	-3	-2	-1	0	1	2	3	4	5
系数	0.5	0.6	0.7	0.8	1	1.2	1.4	1.6	1.8	2

无赔款优待等级计算规则

计算方法：连续三年出险次数 - 连续投保年数 = NCD 等级

（1）首年投保，等级为0；

（2）非首年投保，考虑最近三年及以上连续投保和出险情况进行计算，计算规则如下：

①连续四年及以上投保且没有发生赔款，等级为 - 4；

②按照最近三年连续投保年数计算降级数，每连续投保1年降1级。按照最近三年出险情况计算升级数，每发生1次赔款升1级。最终等级为升级数减去降级数，最高为5级。

示例1:一客户车辆连续投保三年,18年出险1次,19年出险2次,20年出险2次,则今年客户投保时新旧条款对应的NCD分别是多少,最低折扣是多少?

考虑客户连续投保三年,最近三年累计出险次数为5次

NCD等级 = 连续三年出险次数 - 连续投保年数 = 5 - 3 = 2

最低折扣 = NCD(1.4) × 自主定价系数0.65 = 0.91折

示例2:一客户车辆连续投保三年,18年出险0次,19年出险0次,20年出险1次,则今年客户投保时新旧条款对应的NCD分别是多少,最低折扣是多少?

考虑客户连续投保三年,最近三年累计出险次数为1次

NCD等级 = 连续三年出险次数 - 连续投保年数 = 1 - 3 = -2

最低折扣 = 0.7 × 0.65 = 0.455折(1)新车购置价。适用于新车第一年购买汽车保险。

3 车辆的实际价值

车辆实际价值 = 新车购置价 × (1 - 被保险机动车已使用月数 × 月折旧率)

折旧率可参照表4-3选择。

非营业用汽车折旧率   表4-3

车辆种类	9座以下客车	农用运输车	其他车辆
月折旧率(%)	0.6	1.1	0.9

折旧按月计算,不足一个月的部分,不计折旧。最高折旧金额不超过投保时被保险机动车新车购置价的80%。

在投保时被保险机动车的新车购置价内协商确定。

做一做

谭女士的丰田威驰轿车(图4-7)于2018年3月购买,当时的新车购置价是10万元。请问谭女士的车到2019年3月的实际价值是多少钱?

图4-7 丰田威驰轿车

你的答案：_____

_____

_____。

做一做

肖先生于 2018 年购买了一辆北京奔驰 C200 轿车（图 4-8），当年缴纳了 950 元交强险保费。肖先生开车一向比较谨慎，所以他的车在过去一年中未曾发生交通事故，请问肖先生在 2019 年购买交强险时需要缴纳保费多少钱？

图 4-8 北京奔驰 C200 轿车

你的答案：_____。

如果肖先生在 2019 年也未曾发生交通事故，他在 2020 年购买交强险时需要缴纳保费多少钱？

你的答案：_____。

肖先生在 2020 年发生 3 次有责任交通事故，他在 2021 年购买交强险时需要缴纳保费多少钱？

你的答案：_____。

4 车上人员责任险保费计算

按照地区、座位数查找费率：

车上人员责任险驾驶人保费 = 每次事故责任限额 × 费率

车上人员责任险乘客保费 = 每次事故每人责任限额 × 费率 × 投保乘客座位数

第二节 汽车保险续保、变更与退保实务

背景资料：

孙先生开车属于"菜鸟级"，自己的新车经常被碰得"灰头土脸"。不管大、小事故，他都会找保险公司理赔，仅一年时间出险记录就达到了 8 次。孙先生感觉自己买车险没白掏钱。当一年车险期到了以后，孙先生仍然决定选择原来的保险公司续保，可是却发现自己的保费竟然上升了 20% 左右，这让孙先生感到非常疑惑，怎么同样的公司，一年的保费差别这么大？

其实,孙先生已经被保险公司归入了"高风险客户"之列。根据银保监会的规定,上一年度未出险的车主,在进行续保时可享受一定程度的保费优惠,而对出险次数多或赔付金额高的车主,其保费也将根据情况,进行不同程度的上调(图4-9)。

图4-9 出险次数影响保费

一 汽车保险续保

我国的《机动车保险条款》规定如下:

(1)保险车辆在上一年保险期限内无赔款,续保时可享受无赔款减收保险费的优待,优待金额为本年度续保险种应交保险费的10%。被保险人投保汽车不止一辆的,无赔款优待按车辆分别计算。上年度投保的汽车损失险、第三者责任险、附加险中任何一项发生赔款,续保时均不能享受无赔款优待。不续保者不享受无赔款优待。

(2)上年度无赔款的机动车辆,如果续保的险种与上年度不完全相同,无赔款优待则以险种相同的部分为计算基础,如果续保的险种与上年度相同,但保险金额不同,无赔款优待则以本年度保险金额对应的应交保险费为计算基础。

二 汽车保险变更

在保险合同的有效期内,保险车辆合法转卖、转让他人,被保险人应凭工商部门认可的发票或在交通管理部门办理变动手续后,向保险公司申请办理批改被保险人称谓,使之具有可保利益(图4-10)。

当改变使用性质或改装变形,被保险人应事先通知保险公司,并申请批改车辆使用性质或车型。如增加危险程度,除书面通知保险公司外,还应按规定补交保险费。

图4-10 汽车转让需办理保险变更

三 汽车保险终止与退保

1 汽车保险终止

投保人、被保险人可以要求解除保险合同,但须向保险人退还保险合同正本,保

险人按下列规定退还保险费:

(1)保险责任开始前,投保人要求解除保险合同的,保险人按保险费的3%收取退保手续费,剩余保险费退还被保险人。

(2)保险责任开始后,投保人要求解除保险合同的,自通知保险人之日起,保险合同解除。保险人按短期月费率(表4-4)收取自保险责任开始之日起至合同解除之日止的保险费后,将剩余部分保险费退还被保险人。

短 期 月 费 率　　　　　　表4-4

保险期间(月)	1	2	3	4	5	6	7	8	9	10	11	12
短期月费率(%)	10	20	30	40	50	60	70	80	85	90	95	100

注:保险期间不足一个月的部分,按一个月计算。

2 汽车保险退保

投保自由,退保自愿,这是法律赋予我们每个公民的权利(图4-11)。机动车退保一般出于以下几种原因:汽车按规定报废;汽车转卖他人;重复保险,为同一辆汽车投保了两份相同的保险;对保险公司不满,想换保险公司。那么,如何退保才能更好地保障自己的利益呢?

图4-11 投保自由,退保自愿

车辆保险退保应具备几个条件,一是车辆的保险单必须在有效期内。二是在保险单有效期内,该车辆没有向保险公司报案或索赔过。从保险公司得到过赔偿的车辆不能退保;仅向保险公司报案而未得到赔偿的车辆也不能退保。

车主退保时所需材料见表4-5。

退保所需材料　　　　　　　　　　　　　　　表4-5

序　号	所需材料	备　注
1	批改申请书	个人:投保人签字的批改申请; 团体:单位加盖公章的批改申请
2	保单正本原件	如丢失,需提供客户签章的丢失证明
3	批单正本原件	如有批单正本请提供
4	保单、批单发票	如发票入账无法返回,需提供入账说明;如丢失,需提供客户签章的丢失声明
5	投保人身份证件原件	
6	投保人签字的银行账户信息留存单	退还保险费时需提供;需投保人签字
7	代办人身份证件原件	如为委托需要,部分地区不支持委托代办退保
8	委托书	如为委托需要,部分地区不支持委托代办退保

　　车主退保时,首先要向保险公司递交退保申请书,说明退保的原因和从什么时间开始退保,签上字或盖上公章,把它交给保险公司的业务管理部门。保险公司对退保申请进行审核后,会出具退保批单,批单上会注明退保时间及应退保费金额,同时收回汽车保险单。然后退保人可持退保批单和身份证,到保险公司领取应退还的保险费。

　　了解了车辆保险如何退保的条件以及流程后,便可以办理退保手续了,但是车险专家建议,尽量不要退保,对于一些可以预计的情况,车主可在投保时就做好规划,避免退保造成的损失。对于不满保险公司的服务而提出退保的情况,车主在投保时,应尽量选择信誉良好的公司,这样可以减少因服务而发生的矛盾。

第三节　车险电子保单

背景资料:

　　车险电子保单(图4-12)是汽车保险行业落实国务院《关于加快发展现代化保险服务业的若干意见》的创新举措,体现了汽车保险"创新、协调、绿色、开放、共享"的发展理念。车险电子保单是证明机动车保险合同关系的电子证明文件,具有传统纸质保单同样的内容和同等的法律效力。车险电子保单具有安全、便捷、高效、环保等特点。

中国银行保险监督管理委员会监制　　　　　　　　　　　限在广东省销售

机动车交通事故责任强制保险电子保单

收款确认：2019-11-19 11：42 10　　　　　电子保单流水号：DPA085028050
生成保单：2019-11-19 11：42 16　　　　　保险单号码：10859050　　　084
电子保单生成时间：2019-11-19 11：42 16　　确认码：02VBBX44001　　33021296
POS交易号/支票号：

阳光保险集团 财产保险

	被保险人	程××				
	被保险人身份证号码(组织机构代码)	44068219821				
被保险机动车	地址	广东省珠海市香港区		联系电话	139****1196	
	号牌号码	粤C006	机动车种类	六座以下客车	使用性质	非营业个人
	发动机号	426	识别代码（车架号）	LBVBV2109　04		
	厂牌型号	宝马*********	核定载客数	5 人	核定载质量	0千克
	排量	1998毫升	功率	1998kW	登记日期	2016-12-08
责任限额	死亡伤残赔偿限额	110000元		无责任死亡伤残赔偿限额	11000元	
	医疗费用赔偿限额	10000元		无责任医疗费用赔偿限额	1000元	
	财产损失赔偿限额	2000元		无责任财产损失赔偿限额	100元	

与道路交通安全违法行为和道路交通事故相联系的浮动比率　　　　　　%
保险费合计(人民币大写):玖佰伍拾元整　　　(￥:950.00 元) 其中救助基金(%) ￥: 元
保险期间　2019年12月1日0时0分　起至2020年12月1日0时0分　止
保险合同争议解决方式　诉讼

收车船税	整备质量	1615千克	纳税人识别号	440662195212111315		
	当年应缴	￥ 360.00 元	往年补缴	￥ 0.00 元	滞纳金	￥ 0.00 元
	合计(人民币大写)：叁佰陆拾元整		(￥：360.00 元)			
	完税凭证号(减免税证明号)		开具税务机关			

特别约定	保险期间内，如发生本保险合同约定的保险事故造成保险车辆损失或第三方财产损失，若为非全损案件，保险人第一赔付方式为实物或修复方式。

重要提示	1.请详细阅读保险条款，特别是责任免除和投保人、被保险人义务。 2.收到本保险单后，请立即核对，如有不符合或疏漏，请及时通知保险人并办理交更或补充手续。 3.保险费应一次性交清，请您及时核对保险单和发票(收据)，如有不符，请及时与保险人联系。 4.投保人应如实告知对保险费计算有影响的或被保险机动车因改装、加装、改变使用性质等导致危险程度增加的重要事项，并及时通知保险人办理批改手续。 5.被保险人应当在交通事故发生后及时通知保险人。

保险人	公司名称：阳光财产保险股份有限公司珠海中心支公司 公司地址：珠海市人民东路125号工商大厦19楼 邮政编码：519000　服务电话：0756-2313333　签单日期：2019-11-10

核保：赵晓平　　　　制单：赵晓平　　　　　　　　经办：赵晓平

全国统一客户服务和客户维权电话：95510 阳光保险电话车险：4000-000-000
阳光网上车险：http://chexinn.simosig.com

图4-12　车险电子保单

一 车险电子保单出台背景

根据公安部办公厅与中国银保监会办公厅联合下发的《关于加强警保合作进一步深化公安交通管理"放管服"改革工作的意见》(公交管[2018]485号)文件精神,认真落实"减证便民"要求,推动信息技术在交通管理与服务领域的深度应用,建立完善电子保单制度,推动服务扁平化、智能化,全面推行保险凭证电子化,实现"无纸化证明"。加快实现车险信息与交管信息互联互通共享,提升保险公司服务质量和水平,提高客户信息的真实性,在保险行业协会统筹协调和经营车险业务的财产保险公司的共同努力下推出车险电子保单。车险消费者可通过保险公司官网、短信链接、电子邮箱及其他移动端直接获取电子保单,办理批改或理赔时无须提供纸质保单。

二 什么是车险电子保单

车险电子保单是由保险公司向车险消费者签发的以数据电文形式存在的证明车险合同关系的电子文件。目前设定为 PDF 格式文件。

车险电子保单涉及的电子单证包括交强险和商业险电子投保单、电子保单、电子批单、电子交强险标志。

车险电子投保单是投保人利用智能手机或电子设备在车险承保平台上填写投保人、被保险人及车辆相关信息、投保意愿等信息的保险合同要约,与保险公司签发的电子保单共同构成保险合同要件;车险电子批单是指变更保险合同内容的一种电子书面证明。电子交强险标志是以数据电文存在的,内容及格式与纸质交强险保险标志保持一致。

三 车险电子保单的法律依据及法律效力

我国的法律允许保险单以电子数据的形式呈现,《中华人民共和国保险法》第13 条规定,"保险单或者其他保险凭证应当载明当事人双方约定的合同内容。当事人也可以约定采用其他书面形式载明合同内容";《中华人民共和国合同法》第 11 条规定,"书面形式是指合同书、信件和数据电文(包括电报、电传、传真、电子数据交换和电子邮件)等可以有形地表现所载内容的形式";《中华人民共和国电子签名法》第4 条规定,"能够有形地表现所载内容,并可以随时调取查用的数据电文,视为符合法律、法规要求的书面形式"。因此,以数据电文形式签发的保险单与纸质保单具有同等法律效力,也同纸质保单一样符合相关监管规定。

四　如何获取及查询车险电子保单

消费者可通过以下五种方式查询、获取到车险电子保单:

(1)保险公司生成车险电子保单后,出单系统自动向保险消费者预留的手机号码发送信息,消费者可点击短信中的链接查询及下载车险电子保单。

(2)通过中国保信官方网站(http://eservice.ciitc.com.cn/ePolicy/download)查询、下载车险电子保单(图4-13)。

图4-13　中国保信官方网站

(3)登录保险公司官方网站或微信公众号查询、下载车险电子保单(图4-14)。

图4-14　阳光财险微信公众号

（4）到承保公司营业场所或致电其服务电话进行查询。

（5）许多省份的交警微信公众号和省保险行业协会官方网站、微信公众号均已开通车险电子保单的查询和下载功能。

五 查验车险电子保单真伪

对承保公司签发的车险电子保单进行真伪鉴定,是通过对车险电子保单中的电子签名进行技术验证,如车险电子保单信息曾被篡改,则验证结果为失败。

查验方法一:可登录承保公司官网,点击车险电子保单验真功能模块,并将车险电子保单 PDF 文件进行上传,即可辨别电子保单的真伪。

查验方法二:登录中国保信官方网站、微信公众号

中国保信官方网站(http://eservice.ciitc.com.cn/ePolicy/download)在单证下载平台中查询验证车险电子保单真伪。

在中国保信微信公众号上进行扫码查验,扫一扫车险电子保单右上方的二维码即可查验真伪。

在中国保信微信公众号上进行手工查验,将车险电子保单 PDF 文件进行上传,即可辨别电子保单的真伪(图 4-15)。

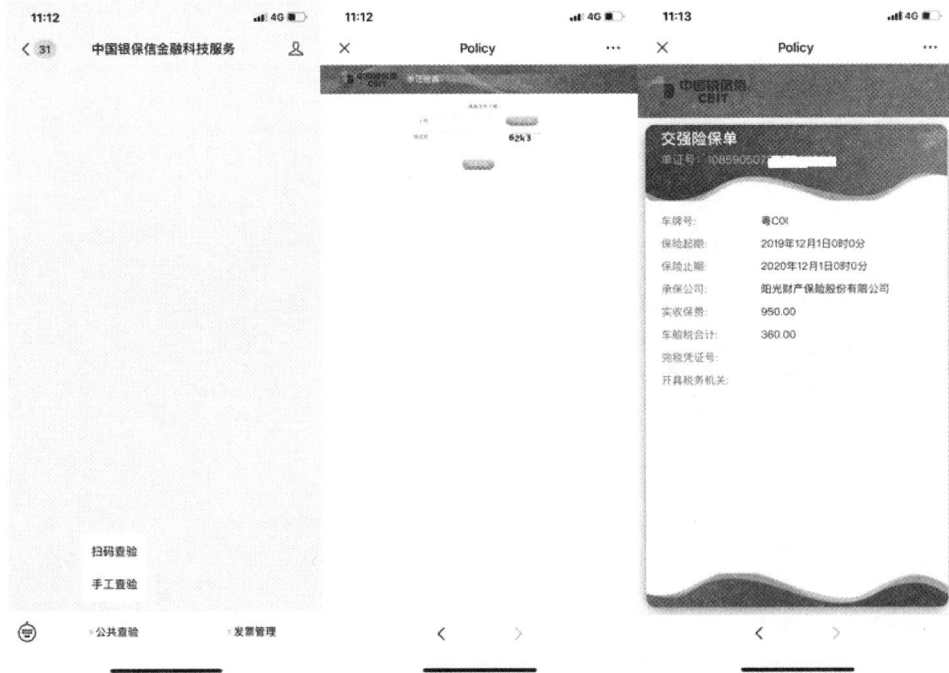

图 4-15　车险电子保单查验

六 车险电子保单和纸质保单的差异

车险电子保单与纸质保单从保险保障功能上讲没有区别,消费者使用电子保单后将更加便利、安全,减少了纸质保单保存、携带的不便,降低了保单损毁、遗失的风险。同时,保险消费者在办理批改、理赔等业务时,只需携带有效身份证件即可办理。

车险保单电子化是采取电子和纸质并行模式,系统仍保留车险纸质保单打印功能。对于有纸质保单和交强险标志需求的客户,车险承保公司可提供纸质保单和交强险标志,消费者亦可自行下载打印纸质保单和交强险标志。

七 未缴纳车船使用税不能获取到交强险车险电子保单

在投保交强险时无法向保险公司足额缴纳车船税的,根据《国家税务总局中国保险监督管理委员会关于机动车车船税代收代缴有关事项的公告》"投保人无法立即足额缴纳车船税的,保险机构不得将保单、保险标志和保费发票等票据交给投保人,直至投保人缴纳车船税或提供税务机关出具的完税证明或免税证明"相关规定,保险公司承担保险责任,将以短信形式告知车险消费者投保交强险的基本承保信息。但保险公司不得将交强险电子保单、电子交强险标志和保费发票(包括电子发票)等发送给车险消费者,车险消费者也无法在保险公司官方网站查询、下载交强险电子保单、电子交强险标志,直至投保人缴纳车船税或提供税务机关出具的完税证明或免税证明。

做一做

根据老师提供的车险电子保单,在中国保信微信公众号上通过扫码查验的方法,查验该车险电子保单的真伪,如该电子保单真实,请记录该电子保单的相关信息。

(1)单证号:_____。

(2)保险起期:_____。

(3)保险止期:_____。

(4)承保公司:_____。

(5)实收保费:_____。

本章小结

1. 汽车保险需求分析。
2. 各险种保费计算方法。
3. 无赔款优待的规定。
4. 汽车保险变更、终止与退保。
5. 车险电子保单。

课后训练

请帮你的家人或者老师制订一份汽车保险投保方案。

车主及车辆情况：_____

_____

_____。

主险：_____

_____

_____。

附加险：_____

_____

_____。

第五章
汽车碰撞损失评估

本章描述

本章介绍了在汽车保险理赔和评估中使用的汽车识别技术,介绍了汽车事故及损伤形式,还对交通事故现场查勘方法、工作流程和要求做了介绍,解释了交通事故定损的原则和方法,介绍了人员伤亡和财产损失费用的确定方法和原则,最后结合汽车碰撞损失评估案例进行分析,阐述了汽车理赔的基本流程和方法。

知识目标

1. 掌握汽车识别技术;
2. 掌握汽车事故及损伤形式;
3. 掌握事故查勘及定损方法。

技能目标

1. 能独立完成典型汽车事故的现场查勘;
2. 能独立完成典型汽车事故的定损工作。

素养目标

1. 提高学生在工作中分析问题、解决问题的能力;
2. 培养细心严谨的工作作风。

建议学时

16 学时。

第一节　汽车识别技术

背景资料：

在对车辆进行承保、理赔或修理时，首先应当搞清楚客户的车辆是哪个厂家生产的，是哪年生产的，是什么车型，装备了什么发动机、变速器等问题(图5-1)。因此，汽车保险从业人员应当系统地学习并掌握车辆识别知识。

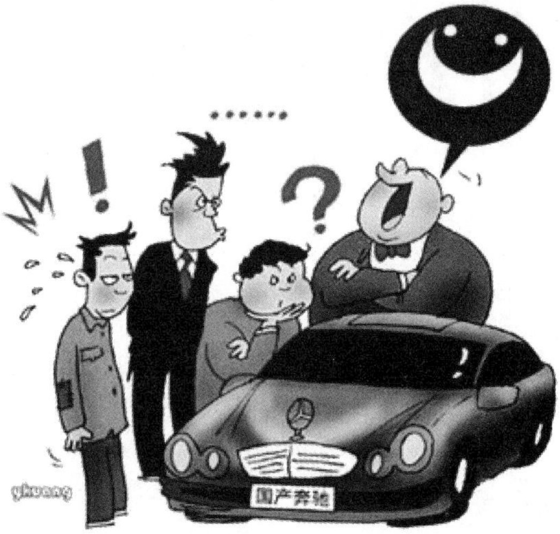

图5-1　确定品牌车型

一、汽车企业及其品牌和车型(表5-1)

汽车企业及其品牌和车型　　表5-1

车　标	品　牌	主要车型
Audi	奥迪 Audi	A3、A4、A6、Q2、Q3、Q5、Q7、TT、RS3、RS4
HONDA	本田 Honda	思域、CR-V、XR-V、UR-V、艾力绅、杰德、雅阁、飞度、冠道、奥德赛

续上表

车　标	品　牌	主　要　车　型
	别克 BUICK	君威、君越、GL6、GL8、凯越、英朗、昂科拉、昂科威、昂科旗
	宝马 BMW	1系、2系、3系、5系、7系、X1、X2、X3、X5、X6、X7、Z4、M系、GT系
	奔驰 Benz	A级、C级、E级、S级、GLA、GLC、GLE、威霆、AMG系
	比亚迪 BYD	宋、宋Pro、宋MAX、唐、唐新能源、秦、秦Pro、元、元新能源、F3、e1、e2
	标致 Peugeot	301、308、3008、408、4008、508、5008
	宝骏汽车	310、310W、360、510、730、E100、E200
	长安汽车	逸动、逸动DT、逸动XT、凌轩、悦翔、锐程CC、CS35、CS55、CS75、CS95

车 标	品 牌	主 要 车 型
	大众 Volkswagen	朗逸、帕萨特、途观、途昂、途安、POLO、桑塔纳、辉昂、迈腾、速腾、宝来、高尔夫
	丰田 Toyota	凯美瑞、汉兰达、致炫、C-HR、雷凌、卡罗拉、RAV4、皇冠、威驰、奕泽、普拉多
	福特 Ford	福克斯、锐际、蒙迪欧、锐界、福睿斯、金牛座、翼虎、翼博、领界、探险者
	广汽传祺	GA4、GA6、GA8、GS3、GS4、GS5、GS7、GS8、GM6、GM8
	哈弗汽车	H2、H2S、H4、H5、H6、H7、H9、F5、F7、F7X、M6
	红旗汽车	H5、HS5、HS7、E-HS3
	吉利汽车	博越、帝豪、缤越、博瑞、嘉际、星越、远景、缤瑞、金刚

续上表

车 标	品 牌	主 要 车 型
	凯迪拉克 Cadillac	ATS、CT5、CT6、XT4、XT5、XT6
	雷克萨斯 Lexus	ES、RX、NX、LS、LX、UX、IS、LM、CT、LC、RC
	路虎	揽胜极光、发现神行、揽胜、揽胜星脉、发现
	雷诺	科雷缤、科雷傲、雷诺 e 诺、科雷嘉
	马自达 Mazda	昂克赛拉、CX-3、CX-4、CX-5、CX-8、阿特兹、MX-5、
	起亚	智跑、奕跑、凯绅、焕驰、K2、K3、KX3 傲跑、K5、KX5
	奇瑞	瑞虎 3、瑞虎 3X、瑞虎 5X、瑞虎 7、瑞虎 8、瑞虎 e、艾瑞泽 5、艾瑞泽 GX

续上表

车　　标	品　　牌	主　要　车　型
	启辰	D60、D60EV、e30、T60、T60EV、T70、T90、M50V
	日产 Nissan	轩逸、天籁、逍客、奇骏、骐达、劲客、蓝鸟、楼兰
	斯柯达 Skoda	明锐、速派、柯迪亚克、柯米克、昕锐、昕动、柯珞克
	三菱 Mitsubishi	欧蓝德、劲炫 ASX、奕歌、帕杰罗
	斯巴鲁 Subaru	森林人、BRZ、傲虎、力狮、XV
	沃尔沃 VOLVO	S60、S60 新能源、S90、S90 新能源、XC40、XC60、XC90、V60、V90
	雪佛兰 Chevrolet	迈锐宝、科鲁泽、探界者、科沃兹、沃兰多、创酷、创界、畅巡

做一做

分别查找并写出 5 个丰田和本田的国产车型和价格范围(表 5-2)。

填写丰田和本田本型及价格范围　　　　　　　　　　表 5-2

序　号	品　牌			
	丰田		本田	
	车型	价格范围	车型	价格范围
1				
2				
3				
4				
5				

二 VIN 码标牌的位置

为了使车辆的 VIN 码容易被查找到,ISO 国际标准和各国的标准中都规定了 VIN 码标牌的固定位置,但各个国家规定的位置仍不尽相同。例如,美国规定 VIN 码应安装在仪表板左侧,在车外透过风窗玻璃可以清楚地看到;而欧盟则规定 VIN 码应安装在汽车右侧的底盘车架上或刻在车辆铭牌上。为防止车辆盗窃后的拆件交易,美国高速公路交通安全管理局(NHTSA)还规定:轿车、MPV 及轻型货车的主要零部件(如发动机、变速器、保险杠、翼子板等)上必须标记车辆的 VIN 码。

我国标准《道路车辆识别代号(VIN)》(GB 16735—2019)中对 VIN 码的位置规定如下:

(1)车辆应在产品标牌上标示 VIN 码,产品标牌的型式、标示位置、标示要求应符合《机动车产品标牌》(GB/T 18411)的规定。

(2)车辆应至少有一个 VIN 码直接打刻在车架(无车架的车辆为车身主要承载且不能拆卸的部件)能防止锈蚀、磨损的部位上。其中:

①M 1 类车辆(9 座以下的乘用车)的 VIN 码应打刻在发动机舱内能防止替换的车辆结构件上,或打刻在车门立柱上,如受结构限制没有打刻空间时也可打刻在右侧除行李舱外的车辆其他结构件上;

②最大设计总质量大于或等于 12000kg 的货车及所有牵引杆挂车,VIN 码应打

刻在右前轮纵向中心线前端纵梁外侧,如受结构限制也可打刻在右前轮纵向中心线附近纵梁外侧;

③半挂车和中置轴挂车的 VIN 码应打刻在右前支腿前端纵梁外侧(无纵梁车辆除外);

④其他汽车和无纵梁挂车的 VIN 码应打刻在车辆右侧前部的车辆结构件上,如受结构限制也可打刻在右侧其他车辆结构件上。

(3)具有电子控制单元的汽车,其至少有一个电子控制单元应不可篡改地存储 VIN 码。

(4)M1 类车辆、N1 类车辆(最大设计总质量不超过 3500kg 的载货车)应在靠近风窗立柱的位置标示 VIN 码,该 VIN 码在白天不需移动任何部件从车外即能清晰识读。

(5)除按照(1)~(4)规定标示 VIN 码之外,M1 类车辆还应在行李舱的易见部位标示 VIN 码;且若车辆制造厂选取 VIN 码作为车辆及部件识别标记的标识信息,还应按照《车辆及部件识别标记》(GB 30509)的规定,标示 VIN 码。

(6)除按照(1)~(3)规定标示 VIN 码之外,最大设计总质量大于或等于 12000kg 的栏板式、仓栅式、自卸式、罐式货车及最大设计总质量大于或等于 10000kg 的栏板式、仓栅式、自卸式、罐式挂车还应在其货箱或常压罐体(或设计和制造上固定在货箱或常压罐体上且用于与车架连接的结构件)上打刻至少两个 VIN 码。打刻的 VIN 码应位于货箱(常压罐体)左、右两侧或前端面且易于拍照;且若打刻在货箱(常压罐体)左、右两侧时,打刻的 VIN 码距货箱(常压罐体)前端面的距离应小于或等于 1000mm,若打刻在左、右两侧连接结构件时应尽量靠近货箱(常压罐体)前端面。

(7)车辆制造厂应至少在一种随车文件中标示 VIN 码。

根据以上规定,我国现在生产和进口的车辆的 VIN 码标牌通常位于仪表板左上方,通过前风窗玻璃可以直接看到,另外,车辆合格证上也有 VIN 码。图 5-2~图 5-4 是一些 VIN 码的常见位置示例。

图 5-2　标牌上的 VIN 码

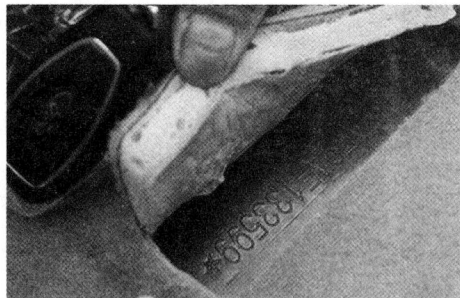

图 5-3　车架上的 VIN 码

图 5-4　前风窗玻璃上的 VIN 码

做一做

到学校停车场进行实地调查,完成表 5-3。

学校停车场实地调查表　　　　　　　　　　　　　表 5-3

序　号	品牌/车型	车 牌 号 码	VIN　码
1			
2			
3			
4			
5			
6			
7			
8			
9			
10			

第二节　事故及损伤形式

背景资料:

车辆事故千奇百怪,事故车的损坏情况也千差万别。车辆结构(图 5-5)不同,在同类事故中受到的损坏也可能大不相同。要想对事故车做出精确估损,估损人员必须了解不同车辆结构在各种事故中的损伤类型。

图 5-5 汽车基本结构

一 对事故车的损坏程度影响因素

(1)事故车辆的结构、大小、形状和质量;

(2)被撞物体的大小、形状、刚度和速度;

(3)发生碰撞时的车辆速度;

(4)碰撞的位置和角度;

(5)事故车辆中的乘员或货物的质量和分布情况。

二 常见的碰撞类型

汽车碰撞事故是指汽车与汽车之间或汽车与物体之间发生相互碰撞,从而造成车辆损坏、被撞物损坏甚至人员伤亡等各种损失。按照碰撞方向和事故所导致的后果,可将车辆事故分为正面碰撞、侧面碰撞、尾部碰撞和翻车等几种类型。以下我们以轿车为例说明常见的几种事故及其损坏情况(表 5-4)。

汽 车 碰 撞 类 型   表 5-4

碰 撞 形 态	碰 撞 方 向	碰 撞 后 果	车辆的主要变形和损坏部位
	两车正面碰撞	A、B 两车前部受损	保险杠面罩及保险杠、格栅、两侧前照灯、空调电磁扇、空调冷凝器、发动机散热器及其支架等,严重时损坏范围会扩大至发动机舱盖、翼子板、纵梁、前悬架机构,甚至导致气囊膨开

碰 撞 形 态	碰 撞 方 向	碰 撞 后 果	车辆的主要变形和损坏部位
两车正面一侧碰撞	A、B 两车前部的一侧受损		保险杠面罩及保险杠、格栅、一侧前照灯、一侧翼子板。严重时损坏范围会扩大到空调冷凝器、发动机散热器及其支架、发动机舱盖、一侧纵梁、一侧悬架机构、一侧气囊膨开
两车正面一侧刮碰	A、B 两车均为正面一侧面受损		一侧的后视镜、前后门、前后翼子板刮伤,严重时前风窗玻璃破碎和框架变形、一侧包角、前门立柱、前照灯等损坏
斜角侧面碰撞发动机舱位置	A 车为侧面碰撞受损、B 车为前部碰撞受损		A 车一侧前翼子板、前悬架机构、侧面转向灯等损坏,严重时一侧前翼子板报废、发动机舱盖翘曲变形、前门立柱变形、发动机移位等。 B 车前保险杠面罩及转角部、前翼子板、一侧前照灯等损坏,严重时一侧翼子板将严重损坏,并会导致一侧前悬架、轮胎、空调冷凝器、干燥器、高压管、发动机散热器及其支架等部件受损,气囊膨开、发动机舱盖变形
两车斜角侧面碰撞前门位置	A 车为侧面碰撞受损、B 车为前部碰撞受损		A 车前门、前柱、中柱、后门轻微变形、门窗玻璃破损,严重时损坏范围会扩大至仪表板、门槛板、车顶板、一侧翼子板和一侧前悬架机构。 B 车前保险杠面罩及转角部、前翼子板、一侧前照灯等损坏,严重时损坏范围会扩大至空调冷凝器、干燥器、发动机散热器及其支架、高压管、发动机舱盖等部件,气囊膨开

续上表

碰撞形态	碰撞方向	碰撞后果	车辆的主要变形和损坏部位
	两车斜角侧面碰撞后门位置	A车为侧面碰撞受损、B车为前部碰撞受损	A车后门、中柱变形、门窗玻璃破损,严重时前后门不能开启、后侧围变形、前后门框、门槛板变形等。 B车前保险杠面罩及转角部、前翼子板、一侧前照灯等损坏,严重时损坏范围会扩大至一侧前悬架、一侧翼子板、空调冷凝器、干燥器、高压管、发动机散热器及其支架、发动机舱盖等部件,气囊膨开
	两车斜角侧面碰撞行李舱位置	A车为侧面碰撞受损、B车为前部碰撞受损	A车后侧围变形,严重时后侧围板严重损坏,后门框、后窗框、后柱、后轮及后悬架等部件受损,行李舱盖变形等。 B车前保险杠面罩及转角部、前翼子板、一侧前照灯等损坏,严重时一侧前悬架和一侧翼子板严重损坏,空调冷凝器、干燥器、高压管、发动机散热器及其支架、发动机舱盖等部件受损,气囊膨开
	两车垂直角度碰撞	A车是侧面受损,B车是正面受损	A车中柱呈凹陷变形,前后车门框及门槛板变形,前后车门翘曲变形,严重时损坏范围会扩大至车底板、车顶板,甚至车身整体变形、轴距缩短、门窗玻璃破碎等。 B车保险杠面罩及保险杠、格栅、两侧前照灯损坏等。严重时损坏范围会扩大至发动机散热器及其支架、空调冷凝器、高压管、发动机舱盖、翼子板、纵梁等,甚至发动机后移,气囊膨开

续上表

碰撞形态	碰撞方向	碰撞后果	车辆的主要变形和损坏部位
	两车正面追尾碰撞	A车为后部碰撞受损,B车为前部碰撞受损	A车后保险杠面罩及保险杠,后车身板、行李舱盖等变形,两侧尾灯损坏,严重时会导致两侧围板变形、行李舱底板变形、后悬架机构位置变形等。 B车保险杠面罩及保险杠、格栅、两侧前照灯损坏等。严重时会导致发动机散热器及其支架、空调冷凝器和相关部件损坏,发动机舱盖、翼子板变形,发动机后移,纵梁损坏等
	两车正面一侧追尾碰撞	A车是尾部一侧受损,B车是前部一侧受损	A车尾部一侧保险杠面罩及保险杠、一侧尾灯、侧围板变形,严重时损坏范围会扩大至行李舱盖、行李舱底板等。 B车保险杠面罩及保险杠、格栅、一侧前照灯、翼子板损坏。严重时会导致散热器及其支架、空调冷凝器、发动机舱盖、一侧翼子板和悬架机构损坏,甚至一侧气囊膨开
	翻车,汽车顶部全面触地	易造成车身整体变形,局部严重损坏	顶板横梁、纵梁变形、顶板塌陷、车身前柱、中柱、后柱均会变形,翻滚过程中可能会造成车身侧面损坏,如车门、翼子板、后侧围板等,严重时会使整体车身变形
	汽车正面与面积较大的物体碰撞	碰撞面积较大,损坏程度相对小一些	保险杠面罩及保险杠、格栅、两侧翼子板轻微变形,严重时两侧翼子板会严重变形,前照灯、空调冷凝器、发动机散热器及其支架、发动机舱盖甚至车门、风窗玻璃、纵梁会损坏,气囊会膨开
	汽车正面与面积较小的物体碰撞	碰撞面积较小,损坏程度相对大一些	保险杠面罩及保险杠、格栅、空调冷凝器、发动机散热器及其支架、发动机舱盖损坏,严重时两侧翼子板严重变形,前悬架机构,甚至扩大到后悬架机构受损

做一做

一辆汽车以同样的速度撞击墙面和柱子,请问哪种情况下汽车的损伤更大,为什么?

你的答案:_____

_____

_____。

第三节　事故现场查勘

背景资料:

现场查勘是客户接触的核心环节,是树立保险公司品牌形象和把好理赔关口的重要环节,理赔员技能和服务质量直接影响着保险公司品牌的创建。在竞争日趋激烈的机动车辆保险市场中,事故理赔工作能否及时地完成,车辆估损能否让客户满意,已经成为各大保险公司重要的竞争筹码,也日益得到各大公司重视。要使保险理赔工作做得周全而顺利,被保险人及时获得应有的经济补偿,同时又能维护保险人的利益,做到公平合理,保险人应对事故现场进行认真的勘查和复勘,以取得有效的证据,保证保险人和被保险人的利益公平(图5-6)。

一　查勘前的准备工作

查勘服务人员是公司直接对外的一面旗帜,是对外宣传的一个流动窗口。查勘服务人员的一言一行代表着公司的形象,是联系保险公司和客户的纽带。为确保查勘服务工作的顺利开展,规范查勘前的准备工作流程,给客户提供更专业、高效、优质的服务,提高客户满意度,树立金牌服务口碑,要求查勘服务人员在仪容仪表、行为举止、查勘车辆、查勘设备方面进行统一的规范。

1 查勘员的准备

发式:头发要经常梳洗,自然色泽,前不覆额、后不及领、侧不掩耳,保持整齐清洁,不得染发、有怪异发型或图案,切勿标新立异。

面容:脸、颈及耳朵绝对干净,每日剃刮胡须。胡须长度不超过1mm。鼻毛不能露出鼻孔。

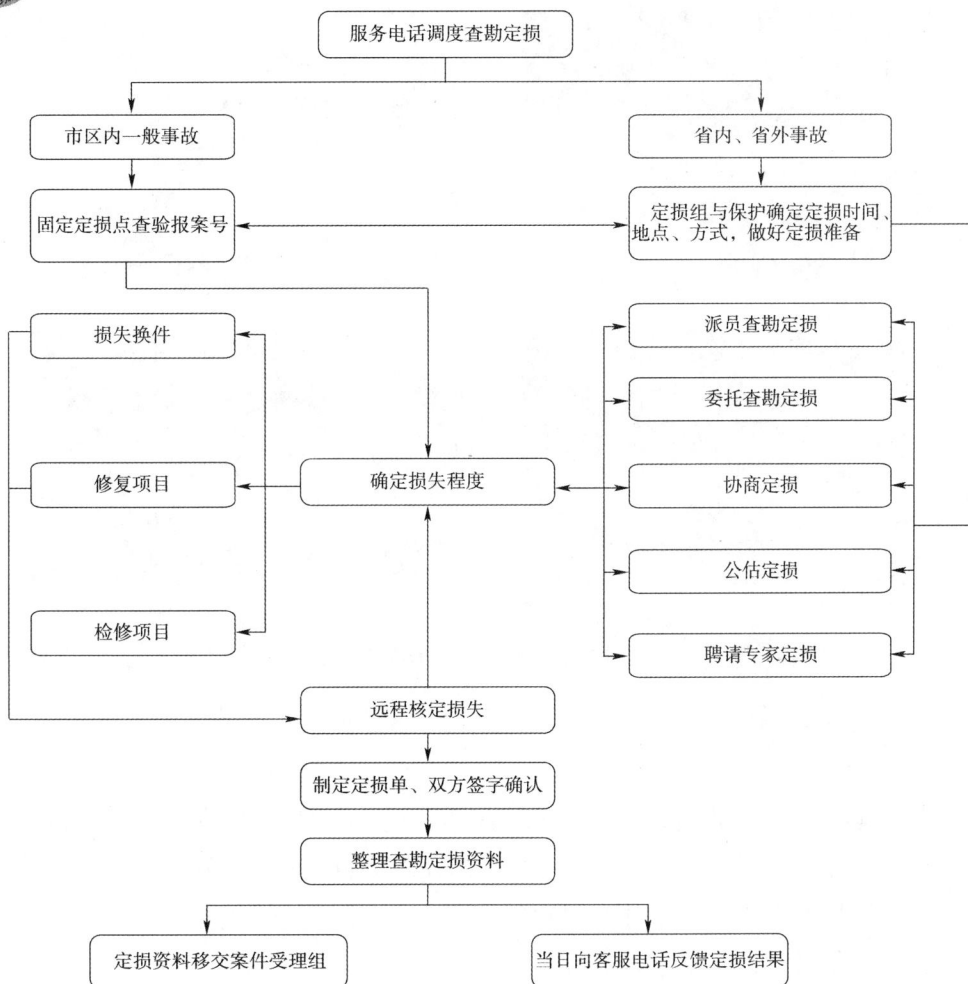

図 5-6　事故车查勘定损工作流程

着装:服装干净整洁无褶皱,衣领需翻好,袖子和衣服前后要拉平,上衣下摆需束腰。长袖衬衫袖口须扣上,长度应超出西装袖口1cm;蓝色T恤的领扣可全扣或留最上面一颗不扣;西装可扣最上面一颗或者不扣;衬衫在系领带时必须全扣,不系领带时留最上面一颗不扣;裤子为深色西裤。

2 查勘车辆车容规范(图 5-7)

外观:查勘车辆外观需保持干净整洁,无明显污渍;车身无明显影响外观的破损,有明显清晰的公司标志。

性能:车辆四轮完好(胎压正常),水箱、仪表指示灯、灯光、制动等安全性能齐全有效,燃油充足(不得低于1/4)

图 5-7　查勘车辆车容规范

3　查勘工具准备

查勘工具需有序存放(图 5-8)。查勘单证应包含:现场查勘单、小额人伤快速处理确认书、现场询问笔录、授权书等。名片应检查信息是否正确(个人信息及上级领导信息),若信息有变更,应及时上报更换。简易医疗工具箱内的物品需每季度检查一次有效期和存量,灭火器每半年检查一次有效期。

查勘箱	千斤顶	搭电线	充气泵	雨伞	雪糕筒
印泥	手机支架	扎带	透明胶	车载充电器	手电筒
警示牌	医药箱	卷尺	易碎贴	反光衣	索赔资料

图 5-8　查勘工具

包含但不限于:书写笔、手持写字板、名片、智能手机、查勘单证、雨伞等。

二 现场查勘行为规范

为保证理赔查勘的服务质量,提高客户满意度,理赔查勘员应遵守以下行为规范。

1 聆听客户诉求

现场查勘服务人员落实首问责任制,对客户反映的问题认真专注地聆听,避免先入为主,在客户陈述时抓取关键事实和理由,为客户分析并总结其真实想法或目的,不得出现表示与己无关、认为无法处理、认为应由他人处理的情况,对确实不属于本人处理范围的事项应耐心解释引导客户,告知将转办受理的部门或相关人员的联系方式。

2 客观分析问题

现场查勘服务人员对客户反映的问题进行分析总结回答时应具有同理心,避免使用服务忌语,需从客户角度、公司角度、第三方角度等多方面客观评价事实和理由,不得出现让客户认为有明显倾向性立场的情况。

3 争取协商解决

现场查勘服务人员发现本公司原因导致客户体验不佳时,应从有利于客户理解认同的角度进行安抚解释,尝试消除客户对公司的负面印象,并努力与客户达成共识以协商方式解决,不得出现因客户总体诉求过高而松懈对其合法合理诉求回应的情况。

4 及时反馈进展

现场查勘服务人员在服务过程中,应力所能及地通过客户接受的时间和方式告知相关事项的办理进展和结果。从客户需求的角度进行主动服务,当客户对公司提出建议时应表示感谢,不得出现让客户感受到公司处理不及时,缺乏情绪关怀的情况。

5 加强全程管控

现场查勘服务人员严格执行各类服务管控的各项规定,每项业务办理应责任到人。通过跨机构跨部门的联动工作机制,对业务办理过程中发现的敏感信息或特殊情况保持警觉,不得出现将一般业务咨询升级为抱怨投诉,将抱怨投诉升级为群诉群访、重大突发事件、声誉风险事件、上门至监管机构或公司信访投诉的情况。

6 提升服务水平

现场查勘服务人员持续提升自身综合服务能力,主动学习,不可故步自封,以"处理快、口碑好、体验强"为导向,探索高效的工作新方法、新思路。

7 保护客户信息

现场查勘服务人员加强客户信息安全意识,对工作中接触的客户或案件信息注意保密,作案例分享交流时做好信息脱敏工作,不得向无关人员泄露相关信息。

三 理赔服务规范流程、规范用语及禁忌语

在理赔查勘过程中,理赔查勘人员需遵守以下服务流程和规范。

1 理赔查勘电话服务规范流程及规范用语(表5-5)

理赔查勘电话服务规范流程及规范用语　　　表5-5

阶　段	服务目标	规范用语
第一步	自我介绍	"您好,我是××保险公司查勘员××。"
第二步	确认客户姓名	"请问您是驾驶人/报案人(车主)××先生/女士吗?"
第三步	了解事故起因	"刚接到您的报案,请问您的车发生了什么事故?"
第四步	了解是否有人伤	"××先生/女士,请问本次事故有人受伤吗?"
第五步	了解车、物受损情况	"××先生/女士,请问车辆受损严重吗? 还有其他东西损坏吗?"
第六步	安抚客户	"××先生/女士,您的心情我理解,请您不要着急。"
第七步	确认查勘地点	"××先生/女士,大概的情况我已了解,请问您现在的具体位置在哪里?"
第八步	告知位置及到达时间	"我现在在××(所在位置),如果不堵车的话,赶到您那大概需要××分钟。"
第九步	结束语	"请您稍等,期间如有什么情况请直接电话联系我,感谢您的接听,再见。"

2 现场查勘服务流程及规范用语(表5-6)

现场查勘服务流程及规范用语　　　表5-6

阶　段	服务目标	规范用语
第一步	问好及确认驾驶人	"您好! 请问您是××先生/女士吗?"
第二步	自我介绍	"您好,我是××保险公司查勘员××。"
第三步	递送名片	"这是我的名片。"

续上表

阶　段	服务目标	规　范　用　语
第四步	安全提醒	"××先生/女士,这边车多比较危险,请您移步到那边(安全的区域)等候。"
第五步	询问核实事故信息	"××先生/女士,请您描述一下事故发生的经过,好吗?"
第六步	拍摄现场相片	"××先生/女士,我先对现场进行拍照取证,请您稍等片刻。"
第七步	拍摄人车合影	"××先生/女士,麻烦您站在车旁边合个影,感谢您的配合。"
第八步	拍摄车架号码	"××先生/女士,请问方便让我打开一下车门和发动机舱盖吗?我需要核对一下车架号信息。"
第九步	拍摄证件	"××先生/女士,麻烦您提供一下驾驶证、行驶证、被保险人的身份证及银行卡,我需要拍照登记。"
第十步	解释现场单证	"××先生/女士,这是现场查勘单/授权书/人伤协议书/弃赔声明,请您查看。有不清楚的地方,我可以向您解释。如果没有问题,请您在这里签字确认并留下电话号码,谢谢。"
第十一步	现场维修	"您好,为了您车辆的维修质量得到保障,建议到我们公司推荐的维修单位拆检和维修,方便我们对车辆的维修质量做好监督。"
第十二步	礼貌道别	"××先生/女士,您本次事故已处理完毕,感谢您对我工作的配合,如果您还有什么需要帮助或者疑问可以拨打我的电话,我将竭诚为您服务,再见。"

3 特殊情况规范用语(表5-7)

特殊情况规范用语　　　　　　　　　　　　　表5-7

序　　号	特殊情况	规　范　用　语
1	当需要打断客户时	"很抱歉,可以打断您一下吗?"
2	因自身原因给对方造成不便	"非常抱歉,给您带来不便/给您造成困扰,请您谅解。"
3	当接受别人称赞时	"谢谢您的支持,这是我应该做的。"
4	当接受别人的帮助时	"谢谢您的帮助。"
5	因客户自身表达不清	"很抱歉,我不太明白您的意思,请您再重复一遍好吗?"
6	遇到客户要等待时	"请稍等……对不起,让您久等了!"
7	客户情绪激动时安抚客户	"××先生/女士,您的心情我理解,请您不要着急。"
8	现场查勘过程中有电话进来	"抱歉,我先接个工作电话,请您稍等。"
9	客户不太满意但不追究时	"感谢您的理解与支持。"
10	当客户对工作提出建议时	"非常感谢您给我们提出的宝贵意见,我们将不断改进服务。"

4 服务禁忌用语

查勘人员在服务过程中的每句话、每个行为都应亲切、和蔼、体贴,体现出对服务对象的尊重,不得在服务时使用服务禁忌用语(表5-8),不得有任何对客户不尊重的行为出现,尤其不能出现以下行为:

(1)声音冷漠;

(2)发怒似地高声讲话;

(3)刻意打断客户讲话;

(4)使用不礼貌的口头禅;

(5)对客户过分亲热。

服 务 禁 忌 用 语　　　　　　　　表5-8

否定类型禁忌语	推卸类型禁忌语
我不知道(不清楚)	我要下班了,明天再帮你处理吧
这不是我(们)的工作	谁跟你讲的,你找谁去
你说的不对/不正确	我现在太忙,过两天再说
这不是我的错	这是××的事,你找××好了
这种情况是不可能有的	你自己去问吧
查不到就是查不到	这是我们(公司的)规定,我也没办法
你说的	这是你的问题,不关我们的事
	那你到××地方去解决
	这件事与我无关

四 查勘服务流程及标准

1 查勘员接收案件并联系客户

随着车险市场的日益完善和规范,各保险公司均对现场查勘制定了严格的服务流程(图5-9)。一般规定,查勘员接到任务后3min内联系客户,了解事故情况并做好理赔指引,市区30min、郊区60min内赶赴现场。

在理赔过程中,如需要致电客户,则按表5-9所示标准流程进行。

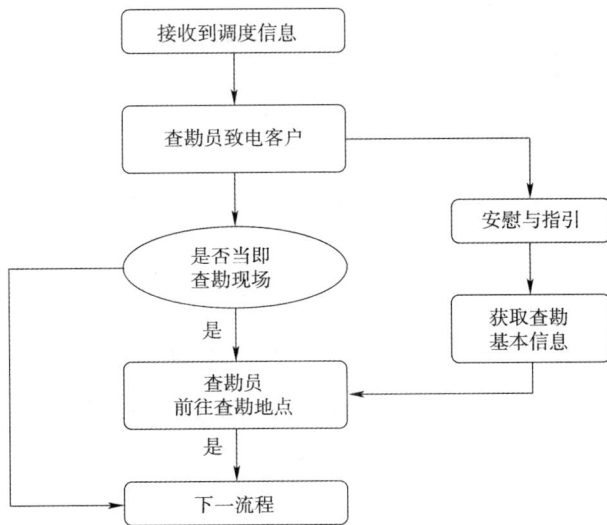

图 5-9　查勘员接案并联系客户流程

致电客户标准流程　　　　　　　　　　　　　　　　表 5-9

标准流程及内容	标 准 话 术	注 意 事 项
开头语规范使用	"您好,我是××保险公司查勘员××。"	标准话术,不能多字、少字、错字,介绍时要放慢速度(每秒 3 ~ 4 个字为宜),口齿清楚,告知自己全名
客户电话接通后,确认客户姓名	"请问您是驾驶人/报案人(车主)××先生/女士吗?"	使用礼貌用语
客户电话无法接通时	短信模板:"尊敬的客户,您好! 我是××保险公司查勘员××,我是您的理赔管家。刚收到您的报案,由于您的电话无法接通,为保障您的保险权益,麻烦您在收到此信息后及时与我(电话)联系,感谢您的支持与配合!"	标准短信模板,短信发送后 5 分钟内再次尝试联系客户
了解事故起因	"刚接到您的报案,请问您的车发生了什么事故?"	仔细聆听客户描述事故经过,不得随意打断客户说话
了解事故中是否有人受伤	"××先生/女士,请问此次事故当中有人受伤吗?""有几个人受伤?"	了解人员受伤情况,留意客户语气和反映情况是否一致。如客户有其他疑问或者需要其他帮助,应当最大程度上给予帮助
了解车、物受损的大致情况	"××先生/女士,请问车辆受损严重吗?还有其他东西损坏吗?"	
客户情绪激动时安抚客户	"××先生/女士,请您不要着急,您的心情我非常理解,我会尽快赶到现场协助您处理。"	

续上表

标准流程及内容	标 准 话 术	注 意 事 项
交通指引	"请问您的车辆有阻碍交通吗?"如果有,"××先生/女士,如果需要移动车辆,我稍后给您发送一条短信,请您按提示拍摄好现场相片之后再移动车辆。"	根据客户所描述的事故情况结合理赔政策进行指引
报警指引	"××先生/女士,请问你们有拨打122向交警报案吗?"如未报警,"好的,××先生/女士,我们先过去查勘现场,如果责任不明显,你们双方对责任有异议的,还是要请您报交警处理。"	
人伤指引	"××先生/女士,如果对方受伤严重需要到医院检查治疗,请先拨打120急救,同时拨打122报交警处理。"	
拍照指引	短信模板:尊敬的客户,您好:如您需移动车辆,请您在保证自身安全的前提下按照以下提示拍摄: (1)现场全景照片,车辆前后10m左右拍摄,拍摄周边参照物,反映车辆行驶路线。 (2)车辆进行多角度拍摄,多车事故的需要拍出车辆之间的位置关系。 (3)将碰撞受损处拍清晰。 (4)拍摄照片数量在5~7张为佳。感谢您的支持与配合	标准短信模板,指引客户拍摄现场相片
快撤指引	"××先生/女士,为了节省您的时间,您可以协同三者前往就近的××交通事故快处快赔点进行处理。"	必须指引客户在撤离前自行拍摄相片,话术参照"拍照指引"
安全提醒	"请您打开警示灯,在来车方向的后方50m以外(高速150m)摆放反光三角牌,并请您移步到安全的位置。"	低速50m,高速150m

续上表

标准流程及内容	标准话术	注意事项
确认查勘地点	"××先生/女士,大概的情况我已了解,请问您现在的具体位置在哪里?"(如果不清楚)"好的,××先生/女士,为了更快到达现场帮您处理事故,可以加下您的微信发送定位给我吗?"	(1)客户现场等待可能情绪焦虑,说明原因请求客户谅解,不得与客户争辩;(2)等待客户先挂电话,10s后客户未挂电话可先挂电话;(3)需在承诺客户到达时间的前5min主动联系客户;(4)若迟到现场客户不能谅解的,应启动应急预案:①通知就近协助网点做好补救工作;②报告区经理调动机动人员
告知位置及到达时间	"我现在在××(所在位置),如果不堵车的话,赶到您那大概需要××min。"	
告知客户可能迟到	"××先生/女士,您好!非常抱歉,我现在在××这边,由于××原因(实际情况)可能要延迟××分钟赶到现场,请您谅解。"	
与客户告别	"请您稍等,期间如有什么情况请直接电话联系我,感谢您的接听,再见。"	标准话术,放慢速度,口齿清晰

2 特殊场景标准话术

理赔人员遇到需要在特殊场合进行理赔的场景,还需要参照表5-10的标准进行。

特殊场景标准话术　　　　　表5-10

特殊场景	标准话术
高速出险事故	"非常抱歉,由于高速公路不允许查勘现场,我们不能到现场协助您处理,请您注意自身安全,并拨打122报警处理。"
自身原因不能去到现场	"××先生/女士,您好!我是××保险公司查勘员××,非常抱歉,我现在在××,由于××原因,可能不能赶到现场(拍照指引)……"
客户提前自行离开现场	"××先生/女士,您好!我是××保险公司查勘员××……非常抱歉,未能及时赶到现场帮您处理。"
停放受损、高空坠物、三者逃逸	"为了保障您的合法权益,请先拨打110/120报警,并开具事故证明。"
玻璃单独受损	"为了您自身及车辆安全,请48小时内到我们公司合作单位定损维修……"

特殊场景	标准话术
水淹车	"请您不要起动车辆以避免损失扩大,并断开车辆电源,尽快将车辆送到修理厂……"
火灾、自燃	"为请您马上向当地消防部门报案,需消防部门为您出具相应的火灾证明。"

③ 现场服务标准流程

理赔人员到达理赔现场后,应该按照现场服务流程(图5-10)开展工作,同时做好现场安全保障,按要求摆放安全警示标识(图5-11),按现场工作标准(表5-11)进行现场查勘。

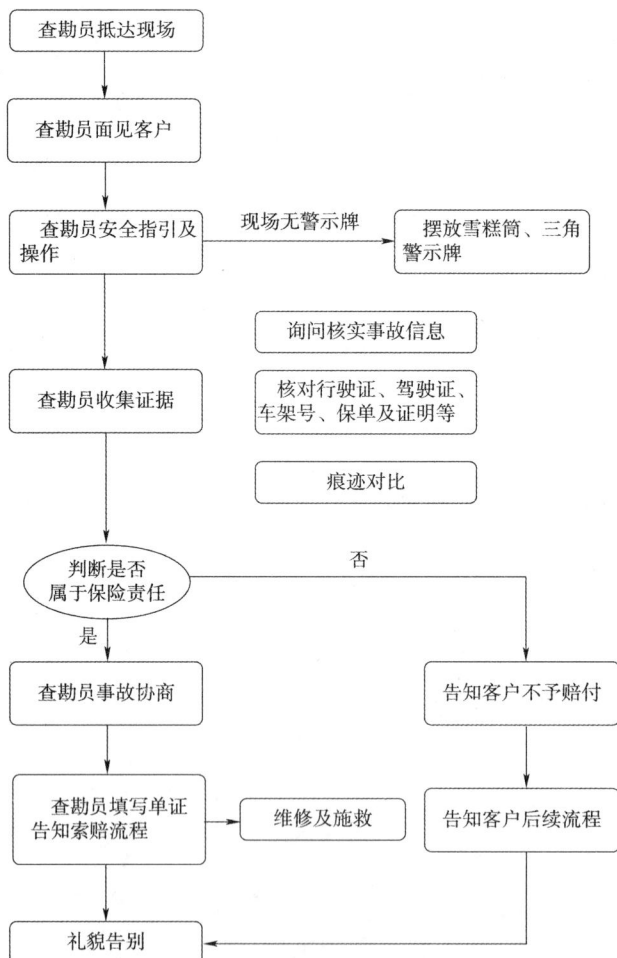

图5-10 现场服务流程

图 5-11　摆放三角警示牌

现 场 工 作 标 准　　　　　　　　　　　　　　表 5-11

标准流程及内容	标 准 话 术	标 准 动 作	注 意 事 项
面见客户,问好、自我介绍及确认驾驶人	"您好,我是××保险公司查勘员××,请问您是××先生/女士吗?"	查勘员到达事故现场后,主动与客户打招呼,出示工作证并自我介绍,做到一声问候暖人、一张笑脸迎人、一句关切助人	(1)确认客户身份必须使用礼貌用语; (2)适当安慰客户,缓和客户焦虑心情,对于双方事故,还应该安抚对方,缓和双方紧张情绪; (3)人伤案件,应主动跟伤者问好,自我介绍,询问伤势,做适当的安抚关怀工作,在征求伤者同意后,必要时,可以对伤者外伤进行简易处理
提醒客户到安全区域,摆放雪糕筒	"××先生/女士,这边车多比较危险,请您移步到那边(安全的区域)等候。"	引领手势: (1)为客户提供标准的引导手势,上身略向前倾,手臂要自下而上从身前自然划过,且与身体成45°夹角; (2)手臂伸直、五指自然并拢、掌心向上,以肘关节为轴指示目标方向,用目光和步伐配合手势所指示的方向,切忌用手指指点	(1)指引客户到安全区域时应使用标准的引导手势; (2)此动作话术可根据现场的实际情况作出相应的改变,例如:这边太阳比较晒,请您移步到那边(阴凉的区域)等

139

标准流程及内容	标准话术	标准动作	注意事项
雪糕筒或三角警示牌的摆放		在车尾部来车方向高速150m、一般公路50～100m后摆放警示标志或雪糕筒	（1）交通繁忙、车流量大、车速快的城市道路必须摆放。小区、停车场、庭院、厂区等可视现场情况选择性摆放； （2）如客户已经自行摆放警示牌，则无须再摆放雪糕筒，可将警示牌调整到适当位置
查勘人员及查勘车			
了解事故经过	"××先生/女士，请您描述一下事故发生的经过好吗？"	通过现场查勘，了解事故发生的原因及经过，初步判断各方事故责任的划分	
现场需报警处理	"由于××的原因，为了保障您的合法权益，建议您拨打122报交警处理。"		
查验证件有效性	"××先生/女士，为了保障您顺利理赔，请您先准备一下驾驶证、行驶证、被保险人的身份证及银行卡。"	查验事故各方行驶证、驾驶证（营运车辆还需查验从业人员资格证）、保险单等有效性并拍照固化证据	与客户目视交流，必须使用礼貌用语，不能让客户有被要求或命令的感受
拍摄现场相片	"××先生/女士，我先对现场进行拍照，请您稍等片刻。"	使用指尖查勘从整体到局部拍摄事故照片、驾驶人人车合影、查勘员人车合影照片，核对事故车辆车架号并拍照（涉及人伤案件必须拍摄钢印车架号）。使用卷尺测量事故中车辆与碰撞物高度是否一致；对损失配件及待定配件贴上易碎贴	

续上表

标准流程及内容	标准话术	标准动作	注意事项
责任划分、人伤调解、物损调解等			（1）协商时应把事故当事人聚拢到一起，使用礼貌用语，态度温和。在协商划分责任时可以拿出《常见事故责任判定图例》进行佐证解释； （2）物损协商应找到物主或相关负责人进行协商，在协商赔偿金额时可以参考《常见物损市场价格核定》进行调解
填写查勘并签署授权书等单证	"××先生/女士，这是现场查勘单/授权书/人伤协议书/弃赔声明，请您查看，有不清楚的地方，我可以向您解释，如果没有问题，请您在这里签字确认并留下电话号码，谢谢。"	给客户解释现场单证或指导客户填签名时： （1）面带微笑； （2）四指并拢，拇指微张开，掌心微微向下，指向阅读内容，可用食指在纸上滑动，切忌用笔尖比划； （3）注意同客户保持目光交流，并用语言配合； （4）单证填写完整之后，双手递交给客户	查勘单证书写清晰工整。对客户不明白的事项进行详细解释；指引客户签字时需使用标准引导手势
快赔指引	"××先生/女士，您本次事故符合我司快赔政策，请及时留意银行到账信息。"		现场查勘员核实事故性质、事故责任、保险责任、事故损失等，填写现场查勘报告，通过指尖查勘完成案件自理自核
定损指引	"××先生/女士，由于××的原因，为了保障您的利益，请您在48h内到我司合作单位定损维修。"		

标准流程及内容	标准话术	标准动作	注意事项
现场维修	"您好,为了节省您宝贵的时间,并保证您的修车质量及理赔顺畅,我们建议您前往××4S店/维修厂,您将得到较好的修理服务和质量保证。"		(1)现场施救:对需要施救的事故车辆及财产,查勘员应主动协助报案人做好现场施救工作,避免扩大损失,积极向客户推荐与公司签订协议的免费救援服务单位; (2)推荐维修:若客户同意去我司合作单位维修,查勘员应主动联系救援公司安排施救。若客户不同意则指引拨打公司服务电话安排救援; (3)在查勘完现场后,如事故车辆在自己负责的区域内维修,在没有接到新发案件的情况下,应陪同车主前往合作单位。如车辆需要施救,应在现场协助车主等待施救;
施救	"××先生/女士,您的车辆已经影响到安全行驶,为了您的安全,建议您拨打我们公司客服电话安排救援。"		(4)如事故造成车辆保险杠或者外观件脱落,可协助客户使用扎带或透明胶带进行简单固定。道别前主动协助客户收纳三角警示牌,情况允许下可协助指引客户挪车

续上表

标准流程及内容	标准话术	标准动作	注意事项
完勘后与客户握手或挥手告别	"××先生/女士,您本次事故已处理完毕,感谢您对我工作的配合,如果您还有什么需要帮助或者疑问可以拨打我的电话,我将竭诚为您服务,再见。"	(1)挥手告别: ①身体站直,不要摇摆和走动;②目视对方,不要东张西望,眼看别处;③可用右手,左手挥动;④手臂尽力向上前伸,不要伸得太低,过分弯曲;⑤掌心向外,指尖朝上,手臂左右挥动。 (2)握手告别: ①握手遵循尊者为先(上级在先、长者在先、女性在先)原则;②一定要用右手握,用左手同别人握手是失礼的行为;③男士握女士的手,只需握住女士四个手指即可,无须掌心相对;④握手时长,以2~3s为宜	使用礼貌用语,握手或挥手告别。男性客户可主动伸出右手握手道别,女性客户不建议主动握手

4 客户答疑规范

在查勘理赔过程中,理赔查勘人员不可避免会遇到客户的种种问题,为避免引起客户的不满,为客户提供满意的理赔服务,在回答客户疑问的时候请做好充分的准备,并参照以下话术进行回答。

(1)我的车配件撞坏了,为什么不给更换? 要拿出去外修,外修后有没有质量问题?

答:××先生/女士,您的担忧是可以理解的,但请您放心,我们公司会从维修工艺上综合评估受损配件的维修、质量,也只有在修复后不影响行车安全和外观的情况下才会选择维修,维修单位也是经我们公司严格挑选的专业机构,配件修复好后,修理厂(4S店)也会检查确认后才会安装,所以请您放心。

(2)三者客户不同意授权直赔,为什么不先把钱赔付给我然后我再转账给对方?

答:××先生/女士,您好! 我们公司在未确定您对三者车的损失进行赔偿的情况下,是不能把对方的损失费用先行赔付给您的,为了避免双方不必要的纠纷,建议您先给对方支付损失的维修费用,再向我们公司提出索赔,希望您理解。

（3）为什么油漆单独受损不包含在车损险里面，为什么不赔？

答：××先生/女士，这个问题非常专业，其实保险车辆的受损原因有很多，但是否能赔偿或怎么赔偿，我们是需要参照保险条款来确定的，由于油漆单独受损不属于车损险里的赔偿范围

（4）为什么轮胎及轮圈被偷，不赔付？

答：××先生/女士，您好！被偷是属于盗抢，而盗抢险单独轮胎丢失或车身配件丢失是不属于保险责任的，您看，合同里面是有明确条款的，希望您理解。

（5）为什么停放受损一定要报交警处理？

答：××先生/女士，您好！为了维护您的权益，公安机关是可以通过调取附近的监控来排查肇事车辆，可以挽回您的不必要损失，如保险赔偿不足部分和报保险对来年保费的提升，所以建议您还是报交警或派出所部门处理。

（6）为什么我在正常的虚线上变道而且还打了转向灯，被撞了还要判定我全责？

答：××先生/女士，您好！根据我国《道路交通安全法》规定在转弯或者变道过程中必须避让直行车辆先行，对未避让造成的交通事故是负事故全部责任的。

（7）为什么需要回收旧件？

答：××先生/女士，您好！旧件回收是为了保障您的权益，保证您的爱车修车的质量，监督车行或修理厂在修理您的爱车时确保有更换零配件，所以我们要回收旧件。

（8）怎么还没有到现场？

答：××先生/女士，您好！很抱歉让您久等了，在这大热天中等待，的确会让人心情烦躁。您看这样可以吗？为了能更快到达现场，麻烦您加一下我的微信，发一下位置给我，我会在10min左右尽快赶到事故现场，麻烦您稍等，谢谢！

（9）修车能否赔付误工费？

答：××先生/女士，您好！完全能理解您提出的要求，汽车作为交通工具，而非人员受伤，关于误工费方面，根据《道交法》是不属于事故责任赔偿范围内的，所以修车是不能赔付误工费的，希望您理解。

（10）我把保险已经续保了，我这次出险有没有影响啊？

答：××先生/女士，您好！感谢您对我们公司的支持，保单年度内的保险事故出险次数会在往后三年进行累计，所以您的这次出险会影响您下次投保时的保费费率。

（11）我的车一定要去你们短信中的地方修吗？太远了，不去那里可不可以正常理赔？

答：××先生/女士，您好！我们公司系统是根据您车辆过往维修的记录和您车辆代办保险的维修单位优先推荐的，您也可以选择去您认为最为方便的地方维修，请问您住在哪里？我为您查一下附近有没有合适的维修单位，建议您去我们推荐的维修单位，我们也会为您的车辆维修质量做好监督。

（12）我最近没空，晚点过去修车不影响吧？

答：××先生/女士，您好！为避免本次造成的损失部位生锈或发生扩大损坏，更为了您车辆的使用安全，建议您还是尽快去维修，您看这样行吗？我联系一下您去的维修单位，您把车开过去先行定损，然后我们把钱直接支付到店，您有时间随时过去修就可以了。

（13）涉及物损案件，物损方一定要我赔5000元，为什么你们只能给我赔付3000元，我买了全保的啊？

答：××先生/女士，您好！保险赔付要遵从合理性，我们给你赔付的是这次事故的实际损失，而不是说对方要求多少就赔多少，对方无理的要求您也可以拒绝，我们可以共同委托有资质、国家承认的物价评估部门（第三方）评估一下这次事故的损失。您看这样处理可以吗？

（14）为什么高空坠物必须报派出所开证明？

答：××先生/女士，您好！因为本次事故是由相关的责任人导致的，由于您买了保险，如果责任人不愿意对您的损失进行赔偿，我们会先赔给您，我们要求派出所开具证明是为了保留向责任人追究法律责任的权利。

（15）现场是对方责任，对方不给我付款要怎么处理？

答：××先生/女士，您好！不用担心，我可以尝试帮您去和对方沟通，看看对方是选择直接付款，还是授权给您向他的承保公司索赔。实在不行，您也可以通过在我们公司办理代位索赔。

（16）你们保险公司的配件更换标准是什么？

答：××先生/女士，请您放心，虽然保险的定损标准是以修复为原则，但我们会根据目前的维修工艺和技术水平严格把关，如果维修不能保证车辆的行车安全，或会影响外观，我们是肯定会给予更换的。

（17）三者客户问："你定的这个价格不够修车怎么办？"

答：××先生/女士，请您放心，我已仔细查看了您车辆的损失情况。您到维修单位后，请将我写的定损单交给维修单位，维修单位会再次核对确认，这下面也有我的联系电话，如果价格有问题，您可以第一时间与我联系。

（18）都剐蹭成这样了，还能修吗？为什么要外修？

答：××先生/女士，您的担忧是可以理解的，但请您放心，我们公司会从维修工艺上综合评估受损配件的维修质量,也只有在修复后不影响行车安全和外观的情况下才会选择维修。维修单位也是经我们公司严格挑选的专业机构,配件修复好后,4S店也会检查确认后才会安装,所以请您放心。

五 现场查勘照相要求

为了使保险理赔工作做得周全而顺利,保障被保险人的合法权益,使被保险人及时获得应有的经济补偿,同时维护保险人的利益,做到公平合理,就需要对事故现场进行认真的查勘,以取得有效的证据,保障保险人和被保险人的利益公平。因此,对事故现场的查勘拍照留存证据工作就显得至关重要。

1 事故照相的目的

(1)完整客观地反映事故现场环境及状况。
(2)具体表现现场形态。
(3)利用照相技术把事故现场路面和车辆上的痕迹物证,完整地拍摄下来,特别是那些不易保存、易消失的痕迹物证。
(4)真实记录车辆的损伤情况。

2 事故照相的要求

因为现场照片要作为公正客观地认定事故责任的依据,作为车辆理赔的依据,甚至可能要作为刑事或民事诉讼的证据,所以对现场照相有严格要求,主要有以下几点。

(1)现场照相的内容应当与道路交通事故现场查勘笔录和现场测绘图的有关记载相一致。现场照片、现场查勘笔录和现场测绘要能够相互印证、相互补充,有力地证明交通事故的客观情况。
(2)现场照相不得有艺术夸张,要客观、真实、全面地反映被摄对象。照片影像要清晰,反差适中、层次分明,客观反映现场的原始状态物体的本来面貌。
(3)拍摄时要求使用标准镜头,以增强真实感。

3 照相的基本知识

交通事故发生的地点、车辆类型及肇事经过往往不尽相同,现场状况也千差万别。因此,现场查勘中可能会用到不同的照相方法及技术。但是,不管事故现场有多少差别,照相的基本顺序都是:首先拍摄现场的方位,其次拍摄现场概貌,然后拍摄现场的重点部位,最后拍摄现场的细微之处。

另外,根据交通事故现场的特点,在拍摄时应掌握下列原则:先拍摄原始状况,后拍摄变动状况;先拍摄现场路面痕迹,后拍摄车辆、物体痕迹;先拍摄易破坏、易消失的痕迹,后拍摄不易破坏和消失的痕迹。在实际拍摄过程中,要根据现场车辆的损失情况进行照相,并应注意真实性和完整性。

4 车辆检验照相要求

车辆检验照相的目的是:根据道路交通事故鉴定以及车辆保险理赔的需要,拍摄车辆的号牌、车型以及车辆碰撞、剐蹭损伤的外貌、总成及零部件的损伤情况等。具体要求如下。

1)拍摄车辆号牌和车型

目的是对事故车辆身份进行确定。不能正面拍摄,应选择合适的角度,一般照射角度与车辆中轴线呈30°~45°。如果车辆前保险杠或号牌损坏,可以先拍摄车辆后部,然后将后面号牌拆下,与前号牌一起放在车前部合适位置拍照(图 5-12 ~图 5-16)。

图 5-12　左前方

图 5-13　右前方

图 5-14　左后方

图 5-15　右后方

图 5-16　VIN 码

2)车辆外部损伤照相

车辆发生碰撞、剐碰事故后,需要对事故车辆的损伤情况进行拍照记录,为交通事故赔偿及保险理赔程序提供依据。拍照时,应注意角度及用光,应能正确地反映损伤部位、损伤的程度、损伤涉及的零部件种类和名称。若一个角度不能全面反映出零件的损伤情况,可以选择不同的角度拍摄(图 5-17、图 5-18)。

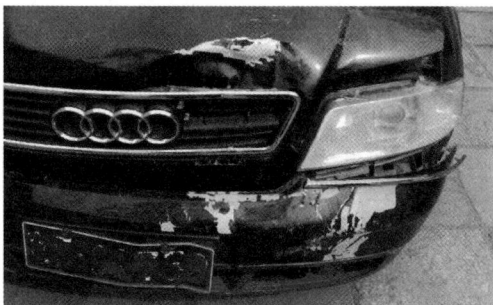

图 5-17　受损部位照片(远)

图 5-18　受损部位照片(近)

3)车辆解剖照相

在车辆估损的过程中,如果仅凭车辆外部损伤照相不能如实反映其损伤程度,就需要对事故车辆进行解剖,以查明车辆内部的损伤情况,确定损失价值,通过内部损伤的形成原因,分析确认导致事故的原因。拍照时,应根据事故车辆的损伤情况和解剖进度确定拍照的位置和数量,以保证客观、完整地反映事故车辆的损伤情况(图 5-19)。

4)零件损伤情况拍照

在进行车辆的解体检验过程中,应对零件损伤断面进行检验拍照(图 5-20),目的是确定零件的损坏原因,以确认是否属于保险赔付范围。事故车零件的损坏有两种情况,一是因撞击力超过零件的强度而损坏,二是由于自然磨损或零件疲劳造成损坏。第一种属于理赔范围,第二种则不在理赔范围内。

图 5-19 前杠、前照灯拆解后

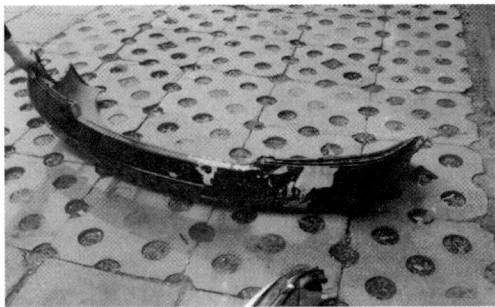

图 5-20 前保险杠拆解

做一做

请仔细观看下面的事故车辆照片（图 5-21），结合我们学习的事故现场照相目的和要求，说一说这张照片有什么不足之处？

图 5-21 事故车辆照片

你的答案：_____

_____

_____。

第四节 事 故 定 损

背景资料：

保险公司在 2019 年 4 月 3 日 11:30 接到车主报案，车主称其在倒车时不小心造成后保险杠左侧部位与墙壁相碰，保险杠损坏（图 5-22）。如果你是保险公司的查勘定损人员，你能给这个案件定出一个赔偿标准吗？

图 5-22　保险杠损坏

一　定损程序

车辆的损失是由其修复费用具体反映的。修复费用通常由两部分构成:修理工时费和零配件费。工时费由修复过程中需要消耗的时间和工时定额确定,此外还包括修理过程中的项目费用,如烤漆费用。零配件费用是指必须更换的配件的购买费用。

确定车辆损失的基本程序如下:

(1)出险现场查勘记录,详细核定本次事故造成的车辆损失部位和修理项目,逐项列明修理所需的工时、工时的定额(单价)、需要更换的零配件。

(2)由于零配件费用一般占修复费用的比例较大,且零配件的市场价差较大,为此,对于必须更换的零部件应进行询价报价。询价报价的方式有多种,例如,可查询原厂配件手册,保险公司也可以建立自己的报价系统,也可以查询专业估损手册或专业的估损报价信息系统。需要注意的是,无论使用哪种方式,都必须掌握"有价有市"和"报价结合"的原则,确保被保险人或修理厂能够按确定的价格购买到所需的零配件。

(3)估损人员在获得报价单后,即可以确定修复作业的全部费用,并与被保险人和可能涉及的第三方共同签订《机动车辆保险定损确认书》(图 5-23)。

受损车辆原则上采取一次定损,在与被保险人和可能涉及的第三人共同签订《机动车辆保险定损确认书》后,由被保险人自选修理厂修理,或应被保险人要求推荐、招标修理厂修理。

在确定车辆损失时应注意以下几个问题:

(1)应注意区分本次事故和非本次事故造成的损失、事故损失和正常维修的界限,尤其是在查勘地点不是第一现场的情况下更应注意。对确定为本次事故损失的部分应坚持尽量修复的原则。如被保险人提出扩大修理范围而要求更换部件时,其超过部分费用应由被保险人自行承担,并在《机动车辆保险定损确认书》中注明。

××财产保险公司

机动车辆保险车辆损失情况确认书

修理项目清单附页

承保公司:

报案编号:　　　　　　　共　　　页,第　　页　　　　　　条款类别:

保险单号: 号牌号码:		厂牌型号: 保险金额:		本栏为保险人内部询报价使用		
序号	修理项目名称	工时		工时费	材料费	备注
1						
2						
3						
4						
5						
6						
7						
8						
9						
10						
11						
12						
13						
14						
15						
16						
17						
18						
19						
20						
21						
22						
23						
24						
25						
26						
27						
28						
	小计					

核准人:　　　　　　　　　　定损复核人:　　　　　　　　　定损制单人:

图5-23 《机动车辆保险定损确认书》

(2)应尽可能一次性完成定损工作,尽量避免第二次损失鉴定。但是对于比较严重的事故,有些损失可能要在事故车被解体后才能发现和确认,应要求修理人及时通知估损人员进行二次检验,在核实后,可追加修理项目和费用,但也必须签订《机动车辆定损确认书》。

(3)若事故车在估损人员检验之前已经由被保险人自行送修,根据保险条款的有关规定,保险人有权重新核定修理费用或拒绝赔偿。在重新核定损失时,应对照查勘记录逐项核对修理项目和费用,删除其扩大修理的和不属于本次事故损伤的项目和费用。

(4)应注意对更换零配件的控制和管理。因为修理厂在估算修理费用时可能会尽量增加更换零配件的数量,提高修理费用,甚至在实际修理过程中将一些本来应更换零配件修复后再使用,以牟取不当利益。保险公司除了应加强对修理厂的监督之外,还可以要求修理厂返还被更换的损伤件,这样不但可以防止修理厂弄虚作假,而且还有可能再利用这些零配件。

(5)经保险公司事先书面同意,对被保险事故车的损失原因进行鉴定,对修复费用进行评估,由此发生的费用可以负责赔偿。但是对于各种具有明显强制色彩的鉴定和评估,应当要求被保险人予以拒绝,同时,对于这些鉴定和评估,保险公司可以不予接受,其相应费用也不在保险赔付范围内。

二 定损检验顺序

检查事故车时都应遵循以下顺序。

(1)从前到后:从事故车的前面往后面依次检查,但对于后端碰撞,应当从后到前检查。

(2)从外到内:先查看外部零部件(如装饰件)的损坏情况,然后再检查内部结构件和连接件的损坏情况。

(3)从主到次:先查看主要分总成的损坏情况,然后再查看小器件和其他附件的损坏情况。

三 工时定额和费率

如前所述,事故车的损失主要由工时费和零件费用组成。工时费的计算方法是:

$$工时费 = 工时费率 \times 工时定额$$

工时定额是根据修理的项目确定的,在主机厂工时手册或专业估损手册中,通常将工时分为拆卸和更换项目工时、修理项目工时、大修工时、喷漆工时、辅助作业工时等。不同车型、不同总成的工时定额一般有较大差别,甚至不同年款的车型也有较大的差别,因此,工时手册中的工时数据经常更新。工时费率一般随着地域(如经济发达的大城市和中小城市)、修理厂(如一类修理厂、二类修理厂和三类修理厂,4S店和综合型修理厂)、工种(如钣金、机修和漆工)的不同而不同,保险公司应当经常对各个地区的工时费率进行调研,以确定当前适用于该地区的平均工时费用。

四 零配件及其价格

汽车零件通常有原厂件(或 OEM 件)、副厂件(或售后市场件)和拆车件(或二手件、翻新件、回收件)等几种。

1 原厂件

原厂件是指汽车主机厂向其特约维修站或4S店提供的配件。另一种获取原厂件的方法是直接从主机厂的配套件供应商处购买。原厂件一般质量有保证,但价格较高,而且综合型修理厂有时还难以购买到(因主机厂垄断而不公开销售)。

2 副厂件

副厂件是指非主机厂或其配套件供应商提供的配件,是汽车配件的另一种重要来源。副厂件一般价格便宜,但其质量问题一直受到质疑,因此很多车主在事故车理赔中拒绝使用副厂件。但近几年来,随着副厂件厂商生产工艺的不断改进,很多副厂件的质量有了很大提高,有些甚至能够通过非常严格的强制性安全标准测试。保险公司应当积极推动相关立法工作,鼓励在事故车修理中大量使用质量合格的副厂件。这不但会大大降低车辆理赔额度,使保险公司受益,反过来也有利于降低车主的保险费用,有利于车主。更重要的是,促进了社会竞争,有利于我国汽车技术的进步和社会经济的发展。

3 拆车件(图5-24)

拆车件是指从旧车上拆下来,经防腐处理、重新喷漆和翻新后的配件。拆车件一般比原厂新件和副厂件都要便宜很多。对于车身覆盖件,使用合格的拆车件也不会影响车辆的安全和美观。尤其对于老旧事故车的修理,使用拆车件显得更为经济和合理,能够大大降低保险公司的理赔费用。但是,我国目前对于拆车件还是禁止公开销售的。这需要在保险公司的努力下,在法律上、观念上改变现状。

图5-24　拆车件

除了配件种类复杂之外,我国目前的零件市场价格也十分复杂。一方面是正厂件和副厂件价格差异很大,另一方面是不同的地区、不同渠道的零件价格差别也很大。有时同样的零件在不同的汽配市场可能有多种价格。这是我国保险估损行业面临的巨大问题之一。

第五节　人员伤亡费用的确定

背景资料:

陈女士在去年国庆节期间坐朋友的汽车回老家。在路途中,她所乘坐的汽车被后车追尾造成交通事故(图5-25)。陈女士左腿骨折,需住院治疗,共卧床20天,花去治疗费12000元。那么陈女士在该起事故中是否可以获得赔偿? 如果可以,你能估算一下赔偿额度吗?

图5-25　追尾事故

一、人员伤亡费用的确定

保险事故除了导致车辆本身的损失外,可能还会造成人身伤亡。这些人身伤亡可能构成交强险、第三者责任险和车上责任险项下的赔偿对象。检验人员应根据保险合同规定和有关法律、法规确定人身伤亡的费用。具体做法和要求如下。

(1)在保险事故中出现人身伤亡时,应当立即将受伤人员送医院急救,以抢救生命和控制伤情。目前,我国的大多数保险公司在承保了第三者责任险或者车上责任险的情况下,均向被保险人提供"医疗急救费用担保卡",有的还与有关医院签订协议,建立保险事故受伤人员急救"绿色通道",以确保保险事故受伤人员能够得到及时治疗。

(2)按照《道路交通事故处理办法》的规定:人身伤亡可以赔偿的合理费用,主要包括受伤人员的医疗以及相关费用、残疾赔偿费用、死亡人员的赔偿以及相关的处理费用、抚养费用和其他费用。

受伤人员的医疗费用,是指受伤人员在治疗期间发生的,由本次事故造成损伤的医疗费用(限公费医疗的药品范围)。与医疗相关的费用,是指在医疗期间发生的误工费、护理费、就医交通费、住院伙食补助费等。

①残疾赔偿费用是指残疾者生活补助费和残疾用具费。

②死亡人员的赔偿是指死亡补偿费,与死亡相关的处理费用是指丧葬费。

③抚养费用是指死亡人员的被抚养人的生活费。

④其他费用是指伤亡者的直系亲属及合法代理人参加交通事故调解处理所产生的误工费、交通费和住宿费等。

(3)被保险人向保险人提出索赔前应对所有费用先行支付,而后将取得的单证以及相关资料提交给检验人员作为索赔依据。定损人员应及时审核被保险人提供的事故责任认定书、事故调解书和伤残证明以及各种有关费用单证。费用清单应分别列明受害人姓名及费用项目、金额以及发生的日期。

(4)收到被保险人提供的上述单证后,定损人员应认真进行审核,根据保险条款和《道路交通事故处理方法》,对不属于保险责任范围内的损失和不合理的费用(如精神损失补偿费,困难补助费,处理事故人员差旅费、生活补助、招待费、请客送礼费等)应予以剔除,并在人员伤亡费用清单上"保险人的意见"栏内注明剔除项目及金额。

二 人员伤亡核定损失范围

医药费;误工费;住院伙食补助;护理费;残疾者生活补助费;残疾用具费;丧葬费;死亡补偿费;被抚养人生活费;交通费;住宿费。

三 人员伤亡核定损失金额(表5-12、表5-13)

核 定 损 失 金 额　　　　　　　　　　　　　表5-12

项　　目	核定损失所需证明	标　　准
护理费	1. 县级以上医院诊断证明(已注明需要护理); 2. 护理人员单位劳资部门出示的误工证明及收入情况证明; 3. 护理人员最多为2人	1. 有固定收入的,凭据计算,但最高为事故发生地平均生活费3倍; 2. 无固定收入的,按事故发生地的平均生活费计算
残疾者生活补助费	1. 法医鉴定书; 2. 计算公式: 年平均生活费×赔偿年数×伤残等级比例	按照交通事故发生地平均生活费计算。 1. 50周岁(含)以下,评残之日起赔偿20年; 2. 50周岁以上,每增长1岁减少一年,但不少于10年; 3. 70周岁以上按5年计算; 4. 伤残分为10个等级
财物	询价、报价	
人伤	见《交通事故损害赔偿所需的单证及标准表》	

交通事故损害赔偿所需单证及标准   表 5-13

项　　目	索赔所需提供的单证	标　　准
医疗费	1. 县级以上医院的诊断证明； 2. 医疗费用报销凭证； 3. 治疗、用药明细单据	1. 以公费医疗标准为准； 2. 必须是治疗交通事故创伤所必需的费用
误工费	1. 县级以上医院的诊断证明； 2. 误工者单位劳资部门出示的误工证明及收入情况证明	1. 有固定收入的，凭据计算，最高不超过事故发生地平均生活费的 3 倍； 2. 无固定收入的，按照交通事故发生地国营同行业的平均收入计算
住院伙食补助费	出院通知书(应有住院天数)	按照交通事故发生地国家机关工作人员的出差伙食补助标准计算
残疾用具费	1. 县级以上医院出示证明； 2. 购买发票	按照配置国产普及型器具的费用计算
丧葬费	死亡证明	按照交通事故发生地的丧葬费标准支付
死亡补偿费	死亡证明	按照事故发生地平均生活费计算。 16 周岁(含)~70 周岁(含)补偿 10 年； 16 周岁以下每小一岁少 1 年，最低 5 年； 70 周岁以上每增长 1 岁减少 1 年，最低 5 年
被抚养人生活费	1. 死亡证明； 2. 五级以上伤残鉴定书； 3. 家庭情况证明(派出所出具)； 4. 无劳动能力者由县级以上医院开具的证明； 5. 被抚养人情况证明	按事故发生时职工生活困难补助标准计算。 1. 对不满 16 周岁的，抚养到 16 周岁； 2. 无劳动能力的人： ①50 周岁(含)以下抚养 20 年；②50 周岁以上每增长 1 岁减少 1 年最低 10 年；③70 周岁(不含)以上，抚养 5 年。 3. 其他的被抚养人，抚养 5 年
交通费	交通费报销凭证	按照交通事故发生地国家机关一般工作人员出差的最高交通费标准计算，最多 3 人为限
住宿费	住宿费报销凭证	按照交通事故发生地国家机关一般工作人员(处级以下工作人员)的出差住宿标准计算，最多 3 人为限

第六节　汽车碰撞损失评估案例分析

背景资料：

保险公司接到报案，一辆桑塔纳轿车与前面的货车发生追尾，桑塔纳轿车受损严重（图5-26）。

如果你作为保险公司的查勘定损员被派往现场进行查勘定损工作，你应该怎么做？你知道如何填写汽车受损查勘记录表吗？

桑塔纳轿车受损情况如图5-27～图5-30所示。

认真填写汽车受损查勘记录表是做好评估工作的必要条件，所以必须认真对待。漏项是评估水平较差的表现，切不可马虎。

图5-26　受损的桑塔纳轿车

图5-27　发动机受损情况

图5-28　前保险杠和雾灯受损情况

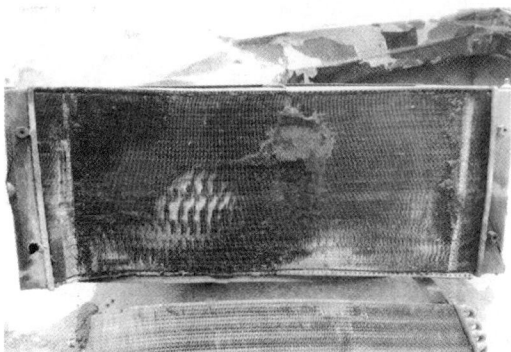
图5-29　冷却器受损情况

图5-30　翼子板受损情况

根据现场查勘得到的信息,制作《汽车受损现场查勘记录表》(表 5-14)。

汽车受损现场查勘记录   表 5-14

委托人:×××   委托书编号:2011031203

号牌号码:粤 A×××××	车架号码(VIN):WVW77733××××××××	
厂牌型号:上海大众 SVW7180GLI	车辆类型:轿车	检验合格至:2011 年 12 月
初次登记年月:2006 年 8 月	使用性质:家庭自用	漆色及种类:红、双涂层烤漆
行驶证车主:××× 行驶里程:18 万 km	燃料种类:汽油	车身结构:承载式
方向形式:左 变速器类型:五挡手动	驱动形式:前驱	损失程度■ 部分损失□ 全损
查勘时间 (1)2011 年 3 月 13 日	(2)	(3)
查勘地点 (1)×××维修厂	(2)	(3)
受损时间:2011 年 3 月 12 日	保险期限:2010-10-25 ~ 2011-10-24	出险地点:×××

损失清单					
序号	损失项目	数量	损失情况	修复方式	备注说明
0101	前保险杠	1	破损	更换	
0102	前保险杠骨架	1	严重变形	更换	
0103	前保险杠左支架	1	严重变形	更换	
0104	前保险杠右支架	1	轻微变形	校正	
0105	左右雾灯	各1	破碎	更换	
0201	前护栅	1	破碎	更换	
0202	前徽标	1	破碎	更换	
0301	左右前照灯	各1	破碎	更换	
0302	左右角灯	各1	破碎	更换	
0303	左前照灯下饰条	1	破碎	更换	
0401	散热器框架	1	中度变形	更换	
0402	前横梁	1	轻度变形	校正	
0403	扭力梁	1	断裂	更换	
0501	冷凝器	1	变形	修理	未漏
0502	回收加注 R134 制冷剂		回收后加注	修理	
0601	散热器	1	严重变形	更换	
0602	冷却液		加注	加注	
0603	风扇护罩	1	中度变形	更换	
0604	主风扇及电动机	1	破损	更换	
0605	水泵传动带	1	破损	更换	
0701	发动机罩	1	严重变形	更换	
0702	发动机罩锁	1	轻度变形	校正	
0801	右前翼子板	1	轻度变形	校正	
0901	右前纵梁	1	轻度变形	校正	
1001	事故处	2m²		做漆	

当事人签字:×××   查勘员签字:×××

第七节　汽车理赔实务

想一想

保险人投保了汽车保险后,最关心的问题是一旦发生事故受损,如何向保险公司申请理赔。申请理赔时需要准备哪些资料?

一　车险理赔流程

车险理赔流程如图5-31所示,索赔申请书如图5-32所示。

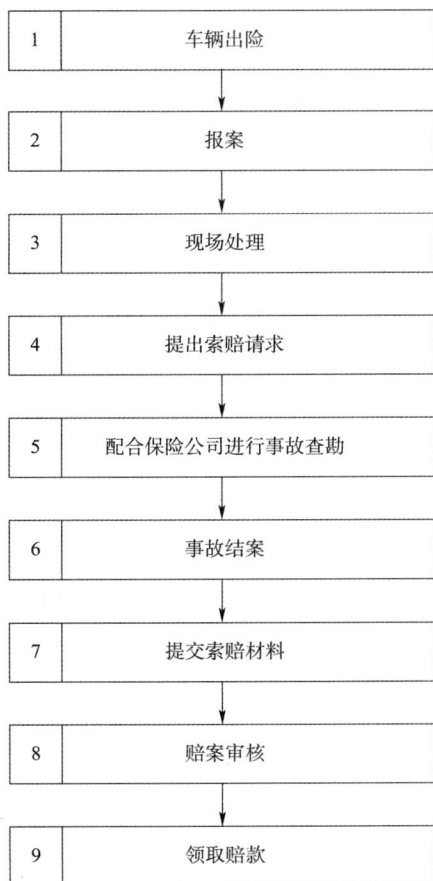

1	车辆出险
2	报案
3	现场处理
4	提出索赔请求
5	配合保险公司进行事故查勘
6	事故结案
7	提交索赔材料
8	赔案审核
9	领取赔款

图5-31　车险理赔流程

××财产保险股份有限公司

机动车辆保险索赔申请书

案件号：

交强险保单号			承保公司			
商业险保单号			承保公司			
被保险人			车牌号码		使用性质	
发动机号			车架号			
报案人		联系电话		驾驶员		联系电话
出险时间	年 月 日 时 分		出险地点		报案时间	年 月 日 时 分
出险原因	□碰撞 □倾覆 □盗抢 □火灾 □爆炸 □台风 □自燃 □暴雨 其他					

其他事故方交强险投保及损失信息

车牌号码	厂牌车型	被保险人	交强险保单号	承保公司	损失金额	定损公司

开户名		开户银行		账号	

出险原因及经过：

以上信息为报案人电话报案时所描述，如需补充，请在备注栏中填写。

备注：

兹声明本人报案时所陈述以及补充填写的资料均为真实情形，没有任何虚假和隐瞒，否则，愿放弃本保险单之一切权利并承担相应的法律责任。

本人同意提供给平安集团(指中国平安保险(集团)股份有限公司及其直接或间接控股的公司)的信息，及本人享受平安集团金融服务产生的信息(包括本单证签署之前提供和产生的)，可用于平安集团及因服务必要而委托的第三方为本人提供服务及推荐产品，法律禁止的除外。平安集团及其委托的第三方对上述信息负有保密义务。本条款自本单证签署时生效，具有独立法律效力，不受合同成立与否及效力状态变化的影响。

被保险人签章：　　　　　　　联系电话：　　　　　　　　　　年　月　日

报案人签章：　　　　　　　　联系电话：　　　　　　　　　　年　月　日

特别告知：

1.本索赔申请书是被保险人就所投保险种内保险人提出索赔的书面凭证。

2.保险人受理报案、现场查勘、参与诉讼、进行抗辩、向被保险人提供专业建议等行为，均不构成保险人对赔偿责任的承诺。

3.为充分保障您的权益，根据《机动车交通事故责任强制保险条例》的相关规定，我公司已书面告知您需要向保险公司提供的与赔偿有关的证明和材料(详见本索赔申请书背面之《索赔告知书》)。

被保险人签章：　　　　　　　联系电话：　　　　　　　　　　年　月　日

图 5-32　索赔申请书

二 索赔所需的单证

不同案件索赔所需的单证，如图 5-33 所示。

单方肇事无人伤	单方肇事含人伤	双方肇事车损	双方肇事车损涉及人伤	盗抢险案件
1、2、3、4、5、6、7	1、2、3、4、5、6、7、8、9、10、11、12、13	1、2、3、4、5、6、7	1、2、3、4、5、6、7、8、9、10、11、12、13、24	1、14、15、16、17、18、19、20、21、22、23、24、25

1.索赔申请书	15.机动车辆盗抢立(破)案表
2.驾驶证(正、副本)	16.行驶证原件
3.行驶证(正、副本)	17.车辆登记证书原件
4.交通事故证明	18.附加费证原件(破)案表
5.交通事故赔偿调解书、法院判决书(如有诉讼)	19.购车发票原件(破)案表
6.修车发票、施救费及相关费用票据原件	20.整套车钥匙(原车配)(破)案表
7.赔款收据及身份证	21.县级上刑侦部门未破获证明(破)案表
8.诊断证明、病历、医疗发票原件及清单	22.养路费报停证明(破)案表
9.交通事故伤残鉴定书	23.权益转让书(破)案表
10.户籍证明	24.被保险人营业执照或身份证复印件(破)案表
11.交通事故死亡证明	25.其他相关材料(破)案表
12.被抚养人及家庭关系证明	
13.伤者及护理人员工资证明	备注:盗抢案件需登报声明;火烧车需提供消防部门出具的火灾鉴定证明
14.保单正本	

图 5-33 索赔所需单证

本章小结

1.汽车识别技术。

2.VIN 码标牌的位置。

3.事故及损伤形式。

4.常见的碰撞类型。

5.理赔查勘服务标准和流程

6.理赔查勘中的照相技术。

7.事故定损程序。

8. 事故定损的零配件价格。

9. 人员伤亡费用的确定及核定损失范围。

10. 车险理赔流程。

11. 不同案件索赔所需单证。

课后训练

一、填空题

1. 汽车零件通常有_____件、_____件、_____件、_____件几种。

2. 写出10个查勘所需工具：_____、_____、_____、_____、

_____、_____、_____、_____、_____、_____。

二、问答题

1. 查勘车辆车容规范有哪些？

2. 现场查勘行为规范有哪些？

3. 查勘人员与客户礼貌道别的标准用语是什么？

4. 当客户抱怨"查勘员怎么还没有到现场"时,我们应如何回复？

5. 写出东风日产和上海大众在产在销的车型。

6. 事故照相的目的是什么？

7. 检查事故车时都应遵循什么顺序？

8. 人员伤亡核定损失范围是什么？

9. 简述车险理赔流程。

三、实践题

请对学校提供的实训车辆进行车辆检验照相,并分组讨论照片是否符合要求。

第六章
汽车保险与理赔案例分析

本章描述

  本章主要结合具体的交强险典型案例、车损险典型案例、三者险典型案例、附加险典型案例以及其他典型案例进行分析,以便对汽车保险理赔业务进行全面的介绍。

知识目标

  1.交强险典型案例处理;

  2.车损险典型案例处理;

  3.三者险典型案例处理;

  4.附加险典型案例处理;

  5.其他典型案例处理。

技能目标

  1.能运用保险条例、法律法规,处理典型的汽车保险案件;

  2.能分析典型汽车保险案件的赔付问题。

素养目标

  1.养成勤于思考的习惯;

  2.学会在工作中不断学习,不断提高自己的能力和素质。

建议学时

  12学时。

第一节　交强险典型案例

背景资料:

交强险是我国第一个强制保险,从2006年实施至今,关于交强险的赔付案件越来越多(图6-1)。作为汽车保险的从业人员,关注交强险,了解交强险对于我们十分重要。

图6-1　交强险赔付案件越来越多

一　案件简介

2020年3月20日9时30分许,卢某无证驾驶黄色奇瑞轿车与张某驾驶的灰色现代轿车发生碰撞(图6-2)。致使张某左手骨折,两车受损。涉案两车均在保险公司投保了交强险,且事故发生在保险期限内。交警部门认定,卢某因无证驾驶负本次事故的全部责任。

保险公司怎么赔偿

图6-2　两车碰撞

二 案例分析

 做一做

1. 交强险责任免除中关于无证驾驶的规定？

你的答案：_____

_____

_____。

2. 交强险关于保险公司对于无证驾驶的赔偿规定？

你的答案：_____

_____

_____。

　　机动车发生交通事故造成损害的,应依照道路交通安全法的有关规定承担赔偿责任。车辆投有交强险的,由保险公司在交强险限额内先予赔偿,不足部分,按责任比例分摊。但驾驶人未取得驾驶资格导致第三者人身损害及财产损失,保险公司在交强险责任限额进行垫付,并有权向致害人进行追偿。

第二节　车损险典型案例

 想一想

　　车辆损失保险主要针对保险车辆本身的损失做出赔偿,对于有经验的驾驶人来说,把自己的车撞坏的情况越来越小。那么,是否就意味着车损险对经验丰富的驾驶人来说越来越不重要呢(图6-3)？

一 案件简介

　　2019年,刘女士所在的城市发生特大暴雨,全城"大水浸",多个小区车库被淹。刘女士很不幸就是"大水浸"中受损的一员(图6-4)。据称,当天她的车停在车库里

面,收到管理处的通知时她正在超市买东西,而她到达车库的第一个念头便是快点把车开到路面。于是她来不及细看周围情况,便打开车门进去起动。在短暂起动后,汽车自动熄火了……保险公司根据车损险的约定赔偿刘女士4万元的维修费用将车辆修复。事后刘女士向保险公司申诉,她的车因成为"水浸车",修复后想在二手车市场卖掉,但大部分二手车商家均以该车是"水浸车"为由拒收。所以刘女士向保险公司要求追加3万元的车辆贬值赔偿。保险公司拒绝了刘女士的请求。

图6-3　车损险带有许多免责条款

图6-4　车库"水浸车"

二　案例分析

做一做

机动车损失保险条款中的责任免除

被保险机动车由于以下原因造成的损失和费用,保险人不负责赔偿:

(1)自然磨损、朽蚀、腐蚀、故障。

(2)_____。

(3)_____。

(4)人工直接供油、高温烘烤造成的损失。

(5)遭受保险责任范围内的损失后,未经必要修理继续使用被保险机动车,致使损失扩大的部分。

(6)因污染(含放射性污染)造成的损失。

(7)_____。

(8)_____。

(9)被保险机动车所载货物坠落、倒塌、撞击、泄漏造成的损失。

（10）被保险人或驾驶人的故意行为造成的损失。

（11）应当由机动车交通事故责任强制保险赔偿的金额。

保险公司在本起案件中已根据车损险的合同约定足额赔付给刘女士的车辆损失。至于保险车辆因发生重大事故或者被水浸泡，修复后成为二手车市场中的"事故车""水浸车"，确实存在着车辆大幅贬值的情况。但车损险条款当中明确列明"市场价格变动造成的贬值、修理后价值降低引起的损失"属于责任免除的范围。

第三节　三者险典型案例

背景资料：

虽然交强险和三者险都是针对第三方的人身伤亡和财产损失做出赔偿，但交强险的责任限额只有 20 万元，对于较为严重的车辆事故，这样的赔偿限额是远远不够的，所以仍然有很多车主自愿购买三者险，以此作为交强险的一个补充（图 6-5）。

一　案件简介

张女士在倒车入库的时候，不慎将在车尾指挥的儿子给撞伤，花了几万元治疗费。张女士想，自己的车上了第三者责任险，应该能得到赔偿。于是，事发后她到保险公司索赔，结果遭到拒赔（图 6-6）。张女士对此不解，为什么买了第三者责任险无法得到赔偿？

图 6-5　三者险是交强险的重要补充

图 6-6　家庭成员不属于第三者

二 案件分析

做一做

三者险中关于责任免除的规定?

你的答案:_____

_____

_____。

我们先来看看汽车保险中第三者责任险普遍规定的除外责任,"被保险人或驾驶人以及他们的家庭成员的人身伤亡,及其所有或保管的财产的损失",保险人不负责赔偿;通俗来讲,所谓的"第三者",已把四种人排除在外,即被保险人及其家庭成员、发生事故时的驾驶人及其家庭成员。在这次意外事件中,如果张女士撞的是一名陌生人,保险公司是要赔的。

第四节 附加险典型案例

背景资料:

汽车附加险的险种很多,由各保险公司自行规定。一般来说,附加险与基本险相比,保费较为低廉,附加险与基本险相配合,能满足汽车用户在保障方面的多重需要与选择,能为用户建立灵活全面的风险保障计划(图6-7)。

图6-7 种类繁多的附加险

案例简介

老李与老张去超市购物,将老李的儿子小李与老张的儿子小张留在车内,可小李在爬越驾驶座时不小心摔倒受伤(图6-8),老李去医院为儿子医治,共花去医疗费2431元。事后,当他拿着医疗单据去保险公司以车上人员责任险申请理赔时,却遭到保险公司的拒绝。

图 6-8 小孩留车里受伤

老李认为:自己的儿子明明是在车上爬越座椅过程中不幸意外滑倒而受伤,理应得到理赔。

案件分析

 做一做

车上人员责任保险的保险责任?

你的答案:_____

_____

_____。

本起案件关键就在于老李的汽车在案发时是否处于使用状态?

案发当时该投保车辆并未在使用中,而是稳稳地停在车位,且作为驾驶人的老李也已经离开汽车去大卖场购物。那么当驾驶人离开汽车,汽车又是稳稳停在停车场闲置时,没有理由界定这辆汽车仍在使用中。因为驾驶人不在,车发动机也被熄

火,车上只留下两位小孩在车内等待大人回来,很明显汽车是不在使用过程中。

第五节　其他典型案例

背景资料:

在汽车保险的赔付工作中,我们会遇到各种各样的疑难问题(图6-9)其实很多问题我们是可以借鉴以往案例的处理办法来解决,所以学习一些典型的案例能够让我们在工作中少走很多的弯路,提高我们的工作效率,提高事故案件的理赔速度。

图6-9　及时理赔

一　案件简介

李先生在某汽车销售有限公司购买了一辆轿车,当日下午支付了20万元的购车款,其中包括了由代办投保手续的费用,在获得临时移动证后于当日将车提走。第二天,销售公司代李先生在某保险公司办理了该车保险手续,汽车保险生效时间是在第三天的零时。殊不知,李先生却在购车的第二天下午驾车行驶时与他人发生交通事故,造成他人受伤,产生住院医药费2.4万元。经交警部门认定,李先生负全部责任。李先生认为是因销售公司代投保不及时导致不能得到保险公司理赔,造成了损失,遂起诉至法院,请求判决销售公司承担违约责任赔偿损失2.4万元。

法院经审理认为,双方之间的买卖合同依法成立、生效,但双方对销售公司何时需办妥投保手续并没有做出明确约定,销售公司也未承诺过保险合同何时生效,李先生也未提供充分的证据予以证明,故对于李先生认为销售公司代投保不及时的观点不予采信。

二 案例分析

这是一起典型的因汽车保险生效时间问题引起的争议,由于目前车险均在投保后第二天凌晨开始生效,新车车主在投保后,都会碰到几小时甚至十几小时的保险真空期。故业内人士建议,这段时间,车主最好不要上路驾驶,以防出现意外引起理赔的麻烦(图6-10)。

图6-10　未上保险,避免上路

此案例中的李先生是通过销售公司投保的,所以在投保时间上存在了延误。为避免这种现象发生,车主最好通过保险公司直接投保,以方便确认保单,明确汽车保险生效时间。

本章小结

1. 交强险典型案例处理。
2. 车损险典型案例处理。
3. 三者险典型案例处理。
4. 附加险典型案例处理。
5. 其他典型案例处理。

课后训练

请同学们通过各种渠道收集一些典型的汽车保险案例,小组讨论后判断这些案件该如何处理,并提出你的处理依据。

参 考 文 献

[1] 祁翠琴.汽车保险与理赔[M].3 版.北京:机械工业出版社,2017.

[2] 梁军.车辆保险与理赔[M].5 版.北京:人民交通出版社股份有限公司,2019.

[3] 韩凤.机动车辆保险与理赔[M].北京:人民交通出版社股份有限公司,2019.

[4] 王红.机动车辆保险与理赔[M].北京:北京交通大学出版社,2018.

[5] 付铁军,杨学坤.汽车保险与理赔[M].3 版.北京:北京理工大学出版社,2012.

[6] 董恩国,张蕾.汽车保险与理赔实务[M].2 版.北京:北京理工大学出版社,2015.

[7] 白建伟,吴友生.汽车碰撞分析与估损[M].2 版.北京:机械工业出版社,2016.